よみからかす

絵本からミステリーまで

飯田 治代

ゆいぽおと

よみからかす

目　次

I

リーディング・シンドローム

図書館員症候群

なにを隠そう。私は重症の図書館員症候群（シンドローム）なのです。いつも読みきれない本が、机の上に積み上がり、それでもなお、貪欲に新聞、雑誌の書評欄、出版広告を読み漁り、暇があれば本屋をうろつき、ハードカバーは図書館で買うようにチェックし、文庫本だけを〝老後の楽しみ〟に自分で買い込み、図書館がでてくる映画とミステリーのリストを作り、はじめてのアメリカ旅行も、毎日図書館見学という有様。そしてとうとう傍の迷惑を省みず、日頃読みちらかしている本の話を書き連ねて、お目を煩わすことになりました。

どうぞよろしく。

さて、今読んでいるのは『わが愛しきものの神殿』（アリス・ウォーカー）。『カラーパープル』で全米図書賞、ピューリッツアー賞を受賞したウォーカーが七年ぶりに発表した長編。数年前、『紫のふるえ』を読んだ衝撃は今も忘れ難く、黒人として、女性として二重のくびきに喘いできた黒人女性の力強い人間宣言は、同じ女性として実に胸のすく思いでした。今度の作品ではウォーカー自身が「過去五十万年のロマンス」と語っているように、時・空を超えた大きなスケールで描かれています。前作の登場人物も再び登場しますが、何十年も生きている女性であり、黒人の歴史の語り手であるミス・リッシーの造形はウォーカーが性別、人種を超えた人類の声を反映しようとしているように思われます。

時を同じくして訳出された『ビラヴド――愛されし者』（トニ・モリスン）も奴隷制の犠牲になった六千万余のアフロ・アメリカン全体の体験の記憶か

『ビラヴド――愛されし者』
トニ・モリスン　吉田廸子 訳
集英社

ら生まれた作品といえるでしょう。

ビラヴドとは殺したわが子の墓に刻んだ銘。そして十八年後、若い娘に憑依してこの世に戻った子どもの霊の名。ビラヴドは母親セスの愛と奉仕を際限なくむさぼり、己のアイデンティティを求めて、物語をせがむ。

この二作とも、従来のリアリズムでは描ききれない物語の重さに超自然的手法を取らざるを得なかったように思えてなりません。作者が語る言葉も見つからないような耐え難い物語を、色彩豊かな描写と華麗なまでのメタファーで読み手の心を高揚させ、神話的カタルシスを与えながら読ませます。八〇年代後半、ミニマリズムがもてはやされ、ささやき声で語りかけられるのに辟易していた私にはズシンと胸に応える作品でした。公民権運動を戦ってきたこの二人の黒人女性作家たちは、まだまだ語るべきストーリーをどっさり持っているようです。耳を傾けてみませんか。

（１９９１・４）

恋に落ちて

恋に落ちてしまいました。久しく忘れていた胸のトキメキ、顔（写真）を見るだけでこみあげてくる熱い涙。でも、それはかなわぬ恋。その人の生死さえわからないのです。

「あなたは今、無事でいますか？　あなたの夢であったカブールへの入城は果たせましたか？　あなたが愛してやまないカブール大学の校庭、オールド・バザールの雑踏に立つことはできましたか？」どうか一日も早くその日が来ますように、と祈らずにはいられません。その人の名はマスード。アフガンの若き獅子。ソ連軍を撤退に追い込んだ若きゲリラの司令官。ばらばらのアフガンゲリラを組織し、イスラム共和国の実現をめざして戦い続けるマスード。

マスードとの出会いは、たまたま見たテレビに、カメラマン長倉洋海さんが取材するアフガンの戦士とマスードのドキュメンタリーが映っていたことに始まりました。その時、思わず惹きこまれ、イスラムの聖戦を戦いぬく戦士たちの姿に感動したのですが、なにより司令官マスードの存在は電撃的ショックでした。

額に刻まれた深いしわ（苛酷な自然と乏しい食生活、心労と激務で実際の年齢より十歳くらい老けてみえる）、するどい眼光、鷲を思わせる高い鼻、苦行僧のようにやせて、しなやかな身体。厳しくストイックな美しさを見せる顔が、いったん笑顔になるとはにかんだような面差しになり、眼尻のしわがやさしい。白い歯のさわやかさといい、なんとも味があるのです。イスラムの理想を体現するマスードは自分に厳しく民衆にはやさしいという。今の時

『若き獅子マスード
──アフガン1983-1988』
長倉洋海
河出書房新社
【品切】

代にこんな人がいるなんて、うれしくって。などと安全な平和ボケの日本にいてミーハーしている自分が情けなくてマスードに申し訳ないのですが……。というわけで、それ以来、熱にうかされたように、アフガニスタン・マスード関係の本を求め、読み、眺めています。イスラムの本までも手を広げ、収拾がつかなくなってきています。

マスードに惚れこんで密着取材した長倉さんにも感謝感激でファンレターを出したいくらい。

後日談。恋に落ちたのはなんと私だけではなかったのです。友人もやはりテレビを見て、マスードこそ理想の恋人と宣言しているのです。そして二人でファンクラブしています。

後日談その二。名古屋国際センターで長倉さんの写真展が開かれ、さっそくかけつけて、マスードの安否を確認し、本にサインをしてもらい、今度アフガニスタンにいらっしゃる時には、ぜひ何かお手伝いさせてと頼んでくるというていたらく。ああ恥ずかしい。

（1991・7）

建築を読む

子どもの頃からの楽しみのひとつは、お家の写真を見ること。少女時代は暇にあかせて理想の家の設計図をせっせと描いていた。ところが現実はきびしい。今や我が家は建売の安普請、設計家にもなれなくて、建築物を観に行くゆとりもない。でもあきらめてはいけない。本があるではないか！　テレビや映画だってけっこう、建築を楽しませてくれる。

アメリカのポストモダンの旗手、マイケル・グレイブズの設計した図書館を見ての感動覚めやらぬうちに、テレビシリーズ「アメリカの建築」で、アメリカの建築史を一通りおさらいできて、いよいよ熱も高まり、さまざまな建築の本を拾い読んでいる。

建築は凍れる音楽、すべての芸術、学術を統合したもの、人々の望みと憧れの象徴、権力の誇示、等々と言われてきた。そして、すべての芸術作品がそうであるように、時代の精神を背負ったものでもある。

ギリシャ、ロマネスク、ゴシックはもとより、近代以降もモダニズム、ポストモダニズムへと動き、すでにポストモダニズムも古いとさえいわれている。そんな中で、私が心惹かれるのは鉄とコンクリートの機能美を誇るミース・ファンデル・ローエのモダニズムではなく、過去のさまざまな様式の引用からなる、舞台装置のようなボフィールの「アブラクサス館」や、曲線的で人間の体内のような感覚を持たせるマコヴェッツの「フォルコシュレイトの斎場」のようなオドロオドロしい建物たち。

アブラクサスが、「未来世紀ブラジル」の舞台になったり、人体の内臓を思わせる建築は「砂の惑星」や「ブレードランナー」などのSF映画のセッ

『夢のすむ家―― 20世紀を開いた住宅』
鈴木博之
平凡社

トにもとり入れられていて面白い。

古今東西の建築全体を眺めることができ、門外漢にもわかりやすく、コンパクトにまとめられた『建築巡礼』全二十三巻が目下の愛読書。いつの日か、本当の建築巡礼ができるのを夢見つつ。

ところで、楽しみをひとりで抱えこんでは申し訳ないから（勝手な思い込みよ！）、読んで楽しむ建築の本を少しだけ紹介しておく。

『夢のすむ家――20世紀を開いた住宅』（鈴木博之）は、ライトの落水荘、マッキントッシュのヒルハウス、W・モリスの赤い家など、二十世紀を代表する住宅をとりあげ、ひとときの夢を見せてくれる。同じく、ヒルハウスなどをとりあげながら、近代建築を装飾性からとらえ、建築をモチーフに解き明かしてくれる『薔薇と幾何学――モダン建築ストーリー』（下村純一）も併せてどうぞ。

（1991・10）

キングに夢中

やっと、『ＩＴ』を読み終えた。二年も前から翻訳を待ち続け、昨秋、出版されるや、さっそく図書館に入れたものの、待ってる人はほかにもいて、お正月休みにはお預けをくって、ようやく回ってきた。菊判上下・二段組・千ページ余という大部は枕にも高すぎる。ところがこれが読み出したら止まらない。お風呂にまで持ち込んで、すっかりのめりこんでしまった。『スタンド・バイ・ミー』の世界の二十五年後を描き、キングの仕事の集大成とも言われるだけあってスゴイ！

一九五八年の夏、七人の子どもたちは共に「ＩＴ」（〝それ〟は変幻自在のモンスターで、子どもの手足をもぎとって殺す何か）と戦う。そして、二十七年後、三十八歳になった彼らは再び動き始めた「ＩＴ」と対決するために、メイン州デリーの町へ集まる。召集の電話の直後、恐怖に耐えられず自殺した一人を除いて。今は作家、建築家、デザイナー、ＤＪ等と成功している彼らも十一歳の夏には、それぞれが問題を抱えた負け犬の集まりだった。物語はそれぞれの子ども時代と現在とが交互に語られ、間奏曲として、ただ一人地元に残った図書館司書マイクの取材メモが入る。速いテンポでぐんぐんとクライマックスへと盛り上がっていき、小説読みの醍醐味を味わわせてくれる。

読みながら感じたのは、「キングは何と男の子の心理を描くのがうまいことか」であった。アメリカの小さな町に五〇年代にいた男の子が生き生きと動きまわり、何とも愛おしい。感受性の強い子どもにとって、身の回りの思いがけないものが恐怖の対象となり、自分の死活のすべてが理不尽な親や大

『IT』上・下
スティーヴン・キング　小尾芙佐 訳
文藝春秋

人の手にあるという根元的な不安もある。そんな子どもたちと、その前に立ちふさがる親や大人たちとの葛藤を描かせると実に鮮やかである。『スタンド・バイ・ミー』のクリスやゴーディ。『クリスティーン』のアーニー。『キャリー』のキャリーなど、いずれも愛情過少の問題を抱えている子どもが描かれている。キングの作品は良質な児童文学として読みとることができる。ケストナーは「優れた子どもの本の作家は、子ども時代をどれだけ鮮明に思い出せるかにかかっている」と言っているが、まさにキングの過剰なまでのディテールの書き込みはその条件を見事にクリアーしている。

　ホラー映画なんてまっぴらで、血生ぐさい場面は指のすき間からしか見られない私は、永らくキングの評判を聞きながらも敬遠してきたのに五年前の「スタンド・バイ・ミー」をきっかけに、後は一気になだれ現象で「IT」まで来てしまった。いちばん好きなのは「デッドゾーン」と「呪われた町」。ジョン・スミス、ベン・ミァーズのキャラクターにぞっこん参っている。映画でジョニーを演じたウォーケンのあの涙が忘れられない。

（1992・4）

愛しの探偵たち

待ってました！　レジナルド・ヒルの新作『骨と沈黙』。ズッシリとくるこの厚みと重さがたまらない。すぐには読まないでこのワクワク感を充分楽しんだ後、体調を整え、部屋をきれいにし、おいしい紅茶とお菓子を用意しておもむろにページを開くことにしよう。

さて、ヒルのデビュー作『社交好きの女』から二十年目にしてのCWA（英国推理作家協会）賞受賞のこの作品まで、シリーズ・キャラクターはアンディ・ダルジールとピーター・パスコーの絶妙コンビ。ヨークシャー警察の警視ダルジールは九十キロを超す巨漢でいささか助平で行儀の悪い中年男。その相棒パスコーは大卒のインテリでまじめな好青年、背が高くてそこそこハンサムなところも程が良い。ダルジールにどなられ、しごかれながら、部長刑事から主任警視へと順調に出世もしている。もっとも当人は二十年も経っているのに、これではとぼやいているが。『社交好きの女』では大学卒業したてのパスコーが、『殺人のすすめ』で大学の同級生エリーと再会し、『薔薇は死を夢見る』ではエリーと結婚し娘ローズが生まれている。『死にぎわの台詞』『子供の悪戯』でも、フェミニストで元気なエリーの存在はキラッと光っている。そのエリーが『闇の淵』では大きく事件にかかわることになり、パスコーの悩みは深まり、大ケガまでしてしまう。今度の作品では二人の関係がちゃんと元に戻っているといいけれど。どの作品もダルジールとパスコーの丁々発止のやりとり、皮肉でジワッときいてくるユーモア、細部がきっちりと書き込まれたイギリス本格ミステリーの渋い風味をたっぷりと楽しませてくれる。

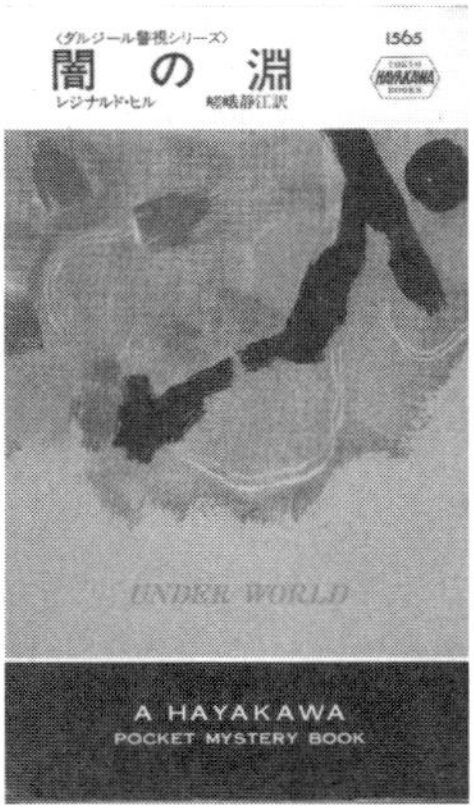

『闇の淵』
レジナルド・ヒル　嵯峨静江 訳
早川書房

重症のイギリス病の私はミステリーも断然イギリスもの、そして探偵たちも。レディ・キラーの灰色の瞳と子どもに好かれるやさしさが魅力のヤードの警視リチャード・ジュリーの孤独の憂いを秘めた姿にも惹かれるし、その友人の元貴族メルローズ・プラントの緑色の瞳も捨てがたい。（M・グライムズ　パブ・シリーズ）

P・D・ジェイムズの重厚なシリーズ『死の味』『策謀と欲望』のダルグリッシュ警視長は詩人でもある。この方は若くして愛妻と息子を亡くしており、あまりにも孤高の雰囲気でちょっと近づき難い。

そしてもう一人、最も愛すべき人物。そのブルーの瞳と微笑ひとつですべての女がコロッと参ってしまうというダン・マレットを忘れてはならない。母親の期待に背いて銀行員をやめ、「優雅な密猟者」暮らしのダンは、いつも我が身を守るため仕方なく探偵するはめに陥る。映画化するならぜひD・D・ルイスでと願っている。しばらく新作が出ないのが淋しい。

（1992・7）

写真と写真集

「写真」が好きと言うと「写す」ことが趣味ととられるかもしれない。でも写す方はてんでだめ。フィルムの着脱もできない。写される方もとんでもない！　己の姿を記録に残そうなんて恥ずかしくって、できるなら金輪際写されたくない。高校の卒業アルバムさえいらないとつっぱねて、海外旅行にもカメラは持って行かない。そんな私がなぜか写真を見ることは大好き。特にここ数年、写真芸術への関心が高まり、優れた写真集の出版、写真展の開催、専門の写真美術館までできて、うれしい悲鳴をあげている。めったに出かけられないが、パルコや丸善の洋書コーナーにはキラ星のごとく写真集が並び、思わず時を忘れて立ち読み（観）してしまう。

好みとしては端正な風景写真より肖像写真が、構成主義的なスタジオ写真より、ドキュメンタリーなフォトジャーナリストの作品に心惹かれる。

肖像写真といっても、リチャード・アベドンの有名人がポーズをとった作品など、その顔に凝縮された、人物像の鮮やかな表出に強い印象を受ける一方で、名もない写真家による名もない人々のポートレイトにも深い味わいがあり、その人物の背後の物語への想像力を掻きたてられる。『郷愁のロシア――帝政最後の日々』の一枚一枚は、ロシアの老人や乞食の深い皺のきざまれた顔、ボロくずのような衣服。片や贅を尽くした貴族たちの姿が並んで、時代の証人としての写真は実に多くを物語ってくれる。

人を写し、事件を写すことで、時代を写し、それを瞬時に広く伝え、記録として残すというフォト・ドキュメントはダイナミックでホットな世界であり、そこに写し出される人間の営みに限りなく興味がある。九一年十一月か

『In Our Time
　——写真集マグナムの40年』
ウィリアム・マンチェスター他　鈴木主税 訳
文藝春秋

ら翌年一月にかけて東京都写真美術館で開かれた〝アメリカン・ドキュメンツ——社会の周縁から〟は十九世紀末のスラムを撮ったジェイコブ・リースから八七年のエイズを撮ったロザリンド・ソロモンまでの展観だった。せめて図録だけでもと無理にお願いして取り寄せ、時々眺めている。昨年はキャパ兄弟らの写真家集団マグナムの設立四十年を記念して『In Our Time——写真集マグナムの40年』が出版された。一九四六年生まれの私にはまさに同時代の記憶であり、しかもそれが世界中の同時代の記録として見事なショットの連続で見せられることの衝撃は計りしれない。写真家たちは必ず対象のある現場に居合わせなければならない。ゆえに、なぜ、そこへ行き、それを選んで写したのかと考える時、彼らの人となりへの興味がわく。と、それに応える本が続々と出て、これがまためっぽう面白い。キャパ、名取洋之助、リ・ミラー、ダイアン・アーバス、マーガレット・バーク・ホワイト等の評伝がある。

（1993・1）

文革はわからない

話題のベストセラー『ワイルド・スワン』（張《ユン》 戎《チアン》）を食事も忘れて一気に読み終えた。評判どおりの力作。一九五二年生まれの著者の母、祖母へと連なる女系三世代が、激動の二十世紀中国の歴史に翻弄されながらも崇高な人間性を保って生きた勇気ある姿が描かれる。文革に痛めつけられてもあくまで革命の理想に殉じた著者の父親像など、身内への美化が過ぎるように思われる箇所も少なくないが、文革の時代を共産党幹部の子として紅衛兵にも参加した利発な少女が四半世紀を経て、あの時代を振り返り、自分自身に言いきかせるかのように文革の意味を問い直してゆく。

著者の母は、軍閥の娘であり、日本支配下の満州で育っている。加害者側の日本人として奉天に生まれた私は、話上手の母からよく満州の話を聞かされた。敗戦後の混乱の日々、ソ連兵や蒋介石の兵隊はひどいことをしたが、共産兵は紳士的だったと言っていたことなど思い出して、複雑な思いで読み進めた。中国の人々は日本の支配を逃れ内戦を経て革命を成しとげ、ようやく落ち着いたのも束の間、大躍進政策の失敗による大飢饉、そして文化大革命の嵐に襲われる。

文化大革命、一九六五年五月に始まり、一九七六年十月の「四人組」失脚までの十年間、中国全土を揺るがし想像を絶する犠牲者を出した悲劇。当時大学生であり、安保世代と後の学園闘争世代の谷間でのんびりとノンポリしていた私は、日々報道される紅衛兵の活躍にワクワクしたし、朝日などの論調も文革賛美の傾向があったように記憶している。あれから四半世紀、政治音痴で日常に埋没し、フワフワと生きている身にも、文学や映画で語られる

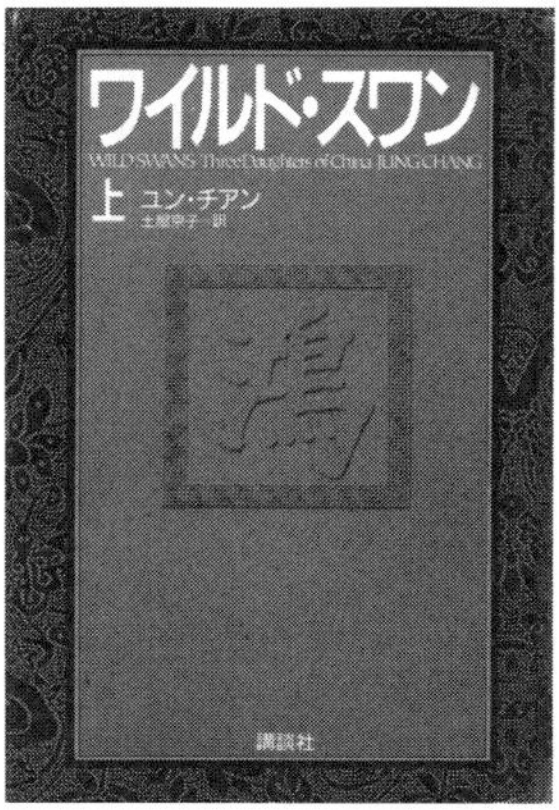

『ワイルド・スワン』
張 戎（ユン・チアン）　土屋京子 訳
講談社

文化大革命の時代とそれへの否定、反省を読むにつれ、同時代に隣の国で起こっていたあの文革はいったい何だったのかという疑問が頭にひっかかる。

一九八八年に出版された『上海の長い夜——文革の嵐を耐え抜いた女性の物語』は、第二次大戦前に英国留学の経験もある知識階級であった著者鄭《チエン》念《ニエン》が文革の被害者として極限状況の十年間の大半を獄中にあって、なお鋭い洞察力で権力者の動静を分析し、冷静に、尊厳を失わず生き抜く姿が力強く描かれていた。読み終わった時は理性の勝利に圧倒され、しばらく呆然としてしまった。

一方、直接的な加害者でありながら権力者に利用された被害者でもあった人々が大人になって、紅衛兵時代を振り返り、文革とは何だったかを問い直し出した。映画監督陳《チエン》凱歌《カイコー》の『私の紅衛兵時代』、梁《リアン》暁声《シヤオシヨン》『ある紅衛兵の告白』、パリ在住の中国人ヤー・デインがフランス語で書いた『赤いコーリヤン』、張承志《チヤンチエンジ》『紅衛兵の時代』など。いくら読んでもわからない！

（1993・4）

武田百合子頌

　武田百合子さんが亡くなった。五月二十七日、肝硬変で六十七歳であった。絶筆となった『日日雑記』のあとがきに、体の故障が多く養生につとめる身とあって心配していたがやはり、といった思い。残念でならない。ずいぶんお酒が好きで、強そうだったからな。だからといって御身大切で、節制したりする方ではなかったし……などと、まるでお付き合いがあったかのように書いている自分に驚く。百合子さんの文章を読んでいると、ほんとに飾り気がなくそっくりそのままのお人柄が表れていて、つい身近なひとのように錯覚してしまう。

　夫、武田泰淳氏が亡くなった後、昭和五十二年に富士山麓の山荘での生活を記した『富士日記』が出版された。当時、武田泰淳氏の作品をろくに読んでもいなかったが、ふとしたきっかけで読み出した『富士日記』の面白さにすっかりはまってしまった。

　それまで、泰淳氏の取材の手伝いや口述筆記などはしていたが文章など書いたことのなかった百合子さんが、山荘行きが始まって、「日記でもつけたら」との泰淳氏の言葉から書き出された日記は、まったくの身辺雑記を書きとめたもので、玉ねぎ三個三十五円、大根二十円、牛乳二十五円など買い物メモや献立の記録が中心。その合い間に、土地の人々とのやりとりや、別荘仲間の大岡昇平氏との交流が、まったく分け隔てなく、素直でおおらかな人柄そのままに活写されている。時に鋭い洞察力を伴った人間観察が独創的な言葉でズバッといい切られ、小気味よささえ感じる。

　この原稿のために読み返していてもまったく新鮮で楽しくて、しっかり上

『富士日記』
武田百合子
中央公論社

中下と読み通してしまった。

泰淳氏と竹内好氏と三人のロシア旅行を綴った『犬が星見た』がまた良い。「連れていってやるんだからな。日記をつけるのだぞ」と泰淳氏に言われて旅の間、走り書きしておいたのを元に書かれている。ここでも毎日の食事の列記とともに、先入観のない、自分の目に映ったままの異文化を、異国の人々と生活をくっきりと浮かび上がらせてくれる。同行の人々の人物描写も鋭い中に温かみがあふれ、百合子さんの人柄の素晴らしさがうかがえる。

このような見事な描写力は、大作家たちとの身近な交流の賜なのか、はたまた天性の才能なのか。泰淳氏は夫人の才能を見込んで、日記をすすめたのだろうか。

その後に書かれた『言葉の食卓』『遊覧日記』『日日雑記』などと共に長く手元に置き、時々はなつかしい百合子さんのお人柄に触れることを、楽しみにしていこうと思っている。

（1993・7）

ロッジの面白小説

今いちばん面白い小説家は？と聞かれたら迷わず、デイヴィット・ロッジと答える。ロッジの小説は一九八二年に翻訳された『交換教授』（一九七五年）から今年六月に刊行された『楽園ニュース』（一九九一年）まで、十一年間に六冊が翻訳されている。

さらに、バーミンガム大学の英文学教授として、批評の著作も多いが『バフチン以後〈ポリフォニー〉としての小説』の一冊だけが翻訳されている。ロッジの小説の面白さの秘密が解明されるかもと、挑戦してみたが、やたら難しくて歯が立たなかった。「訳が下手なんじゃないの」と毒づいてみても負け犬の遠吠えで、あっさりと引き下がって、ただ、自分なりに楽しめばいいのだと開き直っている。

この夏も『楽園ニュース』を抱腹絶倒、一人にやにやで大いに楽しんだ。『交換教授』ではじめて出会った時、それまで読んできたイギリスの現代作家たち、シリトーやマードック、ドラブルなどと全く異なる、軽みとユーモアが新鮮で一遍でファンになってしまった。主人公は二人。イギリスのバーミンガムを彷彿させるラミッジ大学のうだつの上がらない講師、フィリップ・スワローとアメリカはユーフォーリア（カリフォーニア）大学の有名若手教授モリス・ザップが交換教授として半年間、互いのポストを交換する。異文化との遭遇に右往左往し、妻まで交換してしまう顛末を微に入り、細に渡って描きながら、六十年代末の大学の状況を活写している。その続編とも言える『小さな世界——アカデミック・ロマンス』（一九八四年）は国際的な学会を渡り歩く「国際大学人」の生態を皮肉たっぷりに描いている。また、

『**楽園ニュース**』
デイヴィッド・ロッジ　高儀進 訳
白水社

主人公のアイルランド出身の冴えない若き講師の謎の美女を追い求める恋の遍歴譚でもある。まさにアカデミック・ロマンスでありキャンパス・コメディの古典でもある。

もうひとつの系譜は現代の若い知識階級であって、生真面目なカトリック信者であることでの矛盾と葛藤に七転八倒、悶絶する主人公の姿を面白おかしく描いた連作『大英博物館が倒れる』（一九六五年）『どこまで行けるか』（一九八〇年）があり、そのバリエイションとして『楽園ニュース』は位置する。

ロッジ自身が大学人であり、カトリックである。そうした自分を徹底的に客観化し、相対視することで、彼特有の乾いていてしかも温かみのあるユーモアが生まれ、鋭い観察に裏づけられた軽妙な人物描写が生きてくる。ロッジは突き放して風刺はするけれども最終的には人間の愚かな営みも肯定的に受けとめていて、小説はいつもハッピーエンドに落ち着く。気弱な男と凛々しい女の図式もうれしい。『素敵な仕事』（一九八八年）はドラマ化されているとか。『楽園ニュース』も映画化したい。さて、今夜はキャスティングで遊ぼっと。

（1993・10）

愛蘭土・シンドローム

昨年の十一月十四日、手児奈主催の「アイルランド音楽の夕べ」が開かれた。リコーダー奏者でケルト音楽研究家の守安さんと奥様の雅子さんによる素晴らしく楽しい演奏と、ケルトについてのレクチャーもあって、演奏後のギネスの味とともに忘れられない一夜であった。

私のアイルランド熱もいよいよ刺激され、今や病膏盲といったところ。そもそもいつからアイルランドに興味を持つようになったのか、記憶は定かでないが、ここ数年来は重要なキーワードであり、文学、映画、音楽、何につけてもアイルランド、アイリッシュ、ケルトが目に、耳にとび込んで来る始末。もう後はアイルランドへ行くしかないと思い詰めている今日この頃。

……あいるらんどのやうな田舎へ行かう……

さて、アイルランドの文学といえばジョイス、イエイツ、は言わずもがなで、新しいところでジョアン・リンガードの『ふたりの世界』がおすすめ。北アイルランドはベルファストの下町、三百年来の宿命の対立を続けるプロテスタントとカトリックとしてそれぞれ生まれた、少女セイディーと少年ケヴィンの物語。対立の中で出会い、愛を育み、ふるさとを離れ、イギリス本土で新しい生活を切り開いていく。生き生きとして元気いっぱいのセイディー、責任感が強くけなげなケヴィンの若いふたりに思わず応援したくなる。

アイルランドについて書かれたものをあれこれ集めてリストを作って楽しんでいるが、アイルランドへの関心をあらためて呼び覚ましてくれたのは『アイルランド歴史紀行』（高橋哲雄）だった。経済学者である著者が二十年

『ふたりの世界１ ベルファストの発端』
ジョアン・リンガード　横山貞子 訳
晶文社

来のアイルランドへの蘊蓄を傾けて語られていて、すっかりアイルランド熱が染《うつ》ってしまった。その高橋先生が先を越されたと嘆いているのが司馬遼太郎の『愛蘭土紀行』（街道をゆく三十・三十一）である。さっそく読んでみてびっくり。司馬遼太郎っておじさんたちが読むものと敬遠していたのは大きな間違いだった。以来すっかりファンになって、お手紙出して、直筆のお返事までいただいちゃった。

若いケルト研究者として注目されている鶴岡真弓の『聖パトリック祭の夜』など、とてもアイリッシュしていて楽しい読物となっている。

アイルランドの映画も「アラン」「ライアンの娘」等、力作揃いで、昨年は「クライング・ゲーム」という傑作があり、一昨年の「ヒア・マイ・ソング」「フールズ・オブ・フォーチュン」を加えて私のリストもどんどん長くなる。あの天才ケネス・ブラナーもベルファスト生まれの生粋のアイリッシュと判明し、やっぱりネ！という感じ。

（１９９４・１）

ホロコーストを読む

今年度アカデミー賞最有力候補との呼び声高い「シンドラーのリスト」を観てきた。封切り三日目とはいえ、月曜の朝一、しかも翌日が映画の日というのに満席、立ち見まで、しかもいつになく中・高年の男性が多いという有様に驚いてしまった。いつもガラ空きの映画館（一人きりの時さえあった）に慣れていて、前に人がいるのが気になるわがままな私には劣悪な鑑賞条件であったが、三時間十五分の長尺が気にもならない感動をもたらしてくれた。

三年ほど前に原作を読んだ時もズシンと来るものがあり、今もその衝撃が鮮やかに蘇る。たまたま池澤夏樹の『読書癖Ⅰ・Ⅱ』の中に新潮文庫『シンドラーズ・リスト』が紹介されていて、すぐに探して読んだのだが本当に出会えてありがたかった。しばらく品切れで手に入らなかったが、映画化に合わせて、再版されるようだ。

原作ではシンドラーに救われたユダヤ人のことがそれぞれ詳細に描かれてこみ入っているし、シンドラーの矛盾だらけの複雑な性格と、その行動もしっかりと書き込まれている。映画はそれをうまく整理してあり、重要なエピソードをいくつか取り上げ、映像で語らせている。シンドラーの人物造形はラストの盛り上げによってセンチメンタルなほど、ヒューマニストとして説明されているが、重く辛い内容なのに、ほっとする温かみのある場面やさりげないユーモア、子どもの扱い方など、さすがにスピルバーグと感心させられる。「カラーパープル」も「太陽の帝国」も長大な原作の格調を少しも落とすことなく見事にわかりやすく映像化した実績からもうなずける。

スピルバーグ自身、ユダヤ人でありこの企画を十年温めた上での映画化と

『シンドラーズ・リスト』
トマス・キニーリー　幾野宏 訳
新潮社
【品切】

のこと、特にホロコーストを知らない若い世代に伝えなければとの強い意志が感じられる。

それにしてもホロコーストの話は戦後五十年を経てなお語り尽くされることがない。高校時代、六十年代の初めに出会った筑摩書房のノンフィクション全集でヒトラー、ホロコーストを知ってから、何十冊かの本を読み、映画をテレビドラマを観てきたが、印象深く残っている本の一冊に『ファニア歌いなさい』がある。

フランスの歌手だったファニア・フェヌロンが、半分ユダヤ人であったため収容所に送られるが誇りを持って生き抜き、その体験を綴ったもの。後にヴァネッサ・レッドクレイブの主演で優れたテレビドラマとなっている。

（１９９４・４）

見逃せない女

相変わらず、ミステリーばかり読んでいます。翻訳ミステリーの出版はほとんど狂乱状態といえるほど、矢継ぎ早で、とてもとても、全部は読みきれません。いきおいなじみの作家の作品をということに落ちつきます。でもそれでは、日本の作家のように毎月新刊がでるのと違って、一年どころか二年に一冊なんてのが普通だから間がもちません。そこで新しい作家を物色するのですが、これがなかなか難しい。新聞、雑誌（ミステリーマガジン・本の雑誌等）の書評、新刊情報をチェックして、アンテナに触れたものを読んでみる。どんなに星印が多くても、数ページ読んで乗れないのはすぐに諦める。これが肝心、無理に付き合ってられるほど暇ではない。

今、私にとって「見逃せない女」ヘレン・ウエストを生み出した作家フランセス・ファイフィールドこそ、新発見の作家なのです。デビュー作『愛されない女』ではP・D・ジェイムズの賛辞を獲得、シリーズ二作目の『別れない女』でCWA法廷ミステリー賞受賞。三作目『目覚めない女』で早くもCWAシルバーダガー賞を受賞した英国女流の大型新人とくればお墨付きをいただいたようなもの。

ヒロイン、ヘレン・キャスリーン・ウエストは三十六歳、離婚歴あり、ロンドンの古いが居心地のいい半地下のフラットに住み、公訴官として仕事ひとすじの追訴のプロ。オフィスはごみ捨て場のようだし、勤務時間の半分は他人の仕事や悩みに費やされているかもしれないが、彼女は頭がきれ迅速で金切り声で助けを求めることの愚かしさをよく知っている。後に彼女と恋に落ちるヤードの主任警視ジェフリー・ベイリーが彼女の部屋から受けた印象

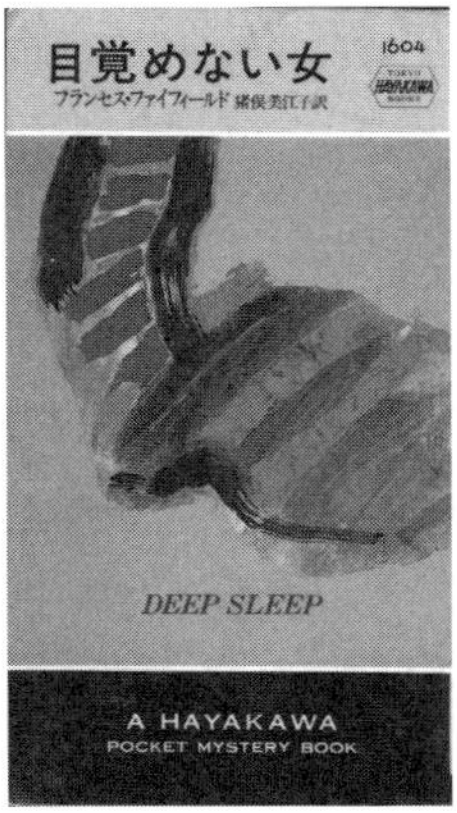

『目覚めない女』
フランセス・ファイフィールド　猪俣美江子 訳
早川書房

はそこに自分以外の者が住むことを望まない人間、仕事の方法をひとつだけでなく、いくつも持っている人間、ひっそりと埋もれたままでいることを望む人間……ここまで読めばもうヘレンの、否、ファイフィールドの虜。

　自身、公訴官の公務の傍ら執筆を続ける著者は、悲劇を起こすほど懸命に生きてきた者、間違いを犯すほど長生きした者、こちらが愛さずにはいられないほど誤りやすい人間への深い同情と鋭い心理洞察で、現代社会の犯罪をじっくりと描いている。「どうやって殺したか」ではなく「なぜ殺したか」にこだわるファイフィールドはすべての登場人物を際立ったキャラクターで描きわけ、さまざまな人間模様をリアルにえぐり出す。とりわけどの作品でも子どもたちへのまなざしが温かいのがうれしい。ヘレン・ウエストシリーズではないが『鏡のなかの影』のヒロイン、サラも自分のものさしを大切にする不思議な魅力の持ち主で印象に残る。そして本名フランセス・ヘガテイ名義の『遊戯室』もまもなく店頭に並ぶはず、お楽しみはこれからだ！

（1994・7）

『きもの』に思う

この夏、娘がゆかたを新調した。会社の新製品の発表会に着るとかで、帯から下駄まで揃えたのはいいが、私には着せられない。仕方なく、呉服屋の奥さんの手取り、足取り、一夜漬けの着付教室でなんとか間に合った。

娘の着付けどころか自分でも着られなくて僅かばかりの和服一式も実家に預けたまま。大げさに言うなら、日本の伝統文化を私の代で途絶えさせてしまった。何か取り返しのつかない過ちを犯したような後ろめたさを感じる。着物の縫い直し、古い着物地を縫い合わせた布団表。いつも綿ぼこりにまみれながら布団作りを手伝ったっけ。土用干しの樟脳の匂いも懐かしい。梅干し、たくあん、白菜漬、季節季節の漬物も、もう私にはできない。本を見て作ったぬか床も一シーズンもたなかった。娘には何も伝えることができない。今から母に聞こうにも今年はもう三回忌、親不孝、子不孝をごめんなさい。

一昨年、母を亡くした後、幸田文さんの長編小説『きもの』を読んだ。自伝的な作品で、一人の依怙地な少女が早くに母を亡くし、父親と祖母の厳しいしつけというよりしごきによって、筋の通った生活の美学を受け継いで成長する姿が「きもの」を通して描かれる。着物地の織、柄、肌ざわり、人生のさまざまな場面での着物との出会い、着物への思いなどなど、母に読ませてあげたかったたと痛切に思った。

農業のかたわら和裁の内職をしていた母は幸田文さんのファンで、「幸田文さんの講演だけは居眠りしなかったわ」と言っていたのを不思議によく覚えていたりして残念でならない。

それでも多くの方におすすめし、先日もある方がまた、お知り合いの九十歳のおばあさまにご紹介したところ大変喜ばれたとの報告をいただいた。こんな言葉が図書館員には何よりの励みとなる。

幸田文さんの作品はその没後も、『崩れ』『木』『台所のおと』『季節のかたみ』『番茶菓子』『雀の手帖』『動物のぞき』と続々と刊行されている。七十歳過ぎてから、日本各地の山々へ実際に出向いて、山の崩れと対峙することで生まれた「崩れ見てある記」である『崩れ』は気迫のこもったエッセイ集で話題を呼んだ。『木』も同様に北海道の原生林から屋久島の巨杉までを訪ねてその感動を語っている。『台所のおと』は下町の片隅にひっそりと暮らす、夫婦の細やかな心配りを見事に描いた短編集。初出はかなり以前のものもあるが、いずれも凛とした、心洗われる作品世界となっている。今また、娘であり、露伴の孫である青木玉さんの『小石川の家』が上梓され、文章の家の血が脈々と流れていることに期待は高まる。

（1994・10）

オトカム

西木正明の『夢幻の山旅』を読み終えたところ。何かの折に西木氏が辻一《まこと》のことを書いていると知り、早く本にならないかと心待ちにしていたものだった。オトカム（otocam）こと辻まことに出会ったのは十数年前、なんとも洒落た文章に一目ボレして以来、すっかりはまって、友人と手分けして全著作を手に入れ大事にしてきた。ほんとうは誰にも教えたくないんだけど、この原稿もネタ切れで、ついにとっておきを出さざるを得ないハメになってしまった。

辻潤と伊藤野枝の長男として生れた辻まことはすばらしい詩文家であるとともに地方生まれながらの画才に恵まれ、その上むささび撃ちの名人で、ギターを手にすれば天下絶品、そのオーケストレーションはだれをもうっとりさせた。スキーは戦後フレンチ・メソッドを日本に導入した理論家の一人、指導員を指導するほどの山スキーの達人であった。若いころは金鉱探しに熱中して山々を放浪した。彼はまた独得の読書家で、晩年は分子生物学に関した書を読んでいるかと思えば、空海の生霊集を枕頭の書にしていた――宇佐美英治『辻まことの芸術』から――というように多才な都会人でありながら山を愛する自然人でもあった。

数奇な生い立ちと、父と共にあった少年時代に極度な貧窮生活、父の乱行奇行、精神錯乱のあげくの餓死という絶えまない修羅をくぐり抜け、凄絶な断念をした者だけが持つ悲しみを秘めたやさしさ。深い絶望を突き抜けたうえの笑い。そんなさまざまな面を持ち、周りの人々を魅了し尽くした人、辻まこと。

『夢幻の山旅』
西木正明
中央公論社

彼は父と自分を捨てた母、その母に一生こだわりながら次々と女性との関係を持った父に反発を覚えながらも、自身四人の女性との間に六人の子をなしながら一人しか手元で育てることができなかった。ありきたりのモラルの枠におさまりきれない善悪を超えた人物の大きさ、ふところの深さを感じてしまう。恋人を彼にうばわれた矢内原伊作は、彼の死後『辻まことの世界・正続』を編集し、彼への変わらぬ尊敬と親愛の情を明らかにしている。

この『夢幻の山旅』で、辻まことをよく知ることはできたが、あくまでも事実を並べて上面をなぞっただけのような気がしてならない。こんな風に辻まことの一生が簡単に書けるわけがない。「そういえば、僕は一生内職しかしたことがないな」と洩らしたように、定職を持たなかった彼が多方面にわたって遺した仕事、作品の山の中から読者がそれぞれの辻まことを発見していく方が素敵ではないか。辻まことはこう言っている。「人を取り除けてなおあとに価値のあるものは、作品を取り除けてなおあとに価値ある人間によって作られるような気がする。」

（1995・2）

〈詩〉をあつめて

あるとき、丸谷才一が「子どもに詩を書かせるのは愚かなこと。本当によい大人の詩を読ませ、聞かせることが大切」と書いていたのに、いたく共感を覚えた記憶がある。

小・中学校時代に無理矢理、詩を書かされて以来詩なんて嫌いとばかりにおよそ散文的人間になり果てている。国語教育については昔から恨みがある。詩にしろ、古文にしろ、もっと耳から音として言葉を受け入れ、情景と雰囲気を楽しみたかったのに、黙読と文法的解釈に重点を置く味けない思いをさせられた。

職場である図書館の児童室で、谷川俊太郎の『ことばあそびうた』や、まどみちをの詩などを大きく書いて掲示しておくと、ほとんどの子が声に出して読みあげ、全身で喜びを表してくれる。それを見ていて、詩の〈ことば〉はまず身体的快感をもたらすものとして獲得されてゆくと思われる。それなのに、などとひとのせいにはするな、時代のせいにはするな、「自分の感受性くらい自分でまもれ、ばかものよ」と茨木のり子は言っている。

遅まきながら、もの思うこともあったりして、少しずつ詩が心に染みるようになったが、いきなり現代詩の個人詩集を読むのは身に余った。そんな時出会ったのが『詩のこころを読む』（茨木のり子）だった。茨木さんが好きな詩を集めた大事なコレクションのよってきたるところを、情熱をこめて、るる語ってくれることで私の目が開かれた。そのころ相次いで出版された若い人向きの詩のアンソロジー『地球に生きるうた』（木島始編）や『煖爐棚上陳列品一覧・日本のライト・ヴァース――1』（谷川俊太郎編）などをたっ

『詩のこころを読む』
茨木のり子
岩波ジュニア新書

ぷり楽しんだ。アンソロジーで好きな詩を見つけると、その詩人の詩集を探してまた気に入った詩を増やしていくことができる。今年のお正月第一冊目の読書として選んだのも茨木のり子のエッセイ『一本の茎の上に』——いつも年頭の一冊目からミステリーではまずいかなと、格調高いものをと心がけている——だったが、その中で、吉野弘の「祝婚歌」を見つけた。これは素敵な装丁の単行本が出ているのでさっそく求め、六月の甥の結婚式に贈ることにした。

先日、大岡信や飯島耕一らに尊ばれた詩人永瀬清子が亡くなった。ちょうど十年前のお正月に読んで清々しく凛とした気分になれたことを思い出す。最近では『〈詩〉の誘惑』（井坂洋子）が面白い。同世代の著者が日常の中で詩を語っていて、難解な現代詩もぐっと身近なものになる。

詩を書くなんてとんでもなく、詩人のエッセイやアンソロジーを読んで喜んでいる私は、やっぱり、どこまでも読む人なのかトホホ。でもいつか好きな詩を集めて自分で装丁をしよう。

（1995・4）

アメリカの家庭小説

月曜日は私の休日。朝一番で映画「ショーシャンクの空に」を観て、昼食ぬきで、午後はルリユールの教室へ、ようやく角背布表紙の本が仕上がった。今度は丸背革表紙に挑戦の予定。

休日も本とは縁の切れない重症のライブラリアン・シンドロームか。映画も、刑務所のオンボロ図書室を囚人である主人公が着々と居心地の良い図書館にしてゆく場面にいたく感激。さすがにアメリカは刑務所の図書館も充実している。「マルコムX」にも出てきたっけ。「グッドモーニング・ベトナム」では前線の兵士に本を届けるサービスが行われていて恐れ入った。

ところで、アメリカ映画って、女っ気なしの男同志の友情、愛情を描いたものの方が出来が良いと思う。恋愛映画はロクなものがない。最近ではキアヌ・リーヴスを目当てに観た「雲の中で散歩」なんかもうひどい脚本で、観てる方が恥ずかしくなってきた。聞けば「ゴースト」と同じ制作者とか、さもありなん！

恋愛小説だって似たようなもの、『マディソン郡の橋』はまだしも、『スローワルツの川』なんて、読んでいるうちに腹が立ってくるし、作者のにやけた老年カウボーイ・スタイルなんぞは蹴飛ばしてやりたい。

伝統的にアメリカの小説に〝女はいない〟と言い切る批評家さえいる。映画にも〝女はいらない〟。

そのかわり、アメリカには女性作家たちによる偉大な家庭小説の伝統がある。彼女たちは男たちが女と家を捨てて、開拓に、放浪に、戦争に、セールスに逃げ出した後に、残された女たちと家庭を描いてきた。『若草物語』の

『ここがホームシック・レストラン』
アン・タイラー　中野恵津子 訳
文藝春秋

昔から今に至るまで、彼女たちは問題の宝庫である家庭、家族の関係を描き続けている。夫婦の関係、夫婦とその子どもとの関係、子ども同士の関係を徹底的に見つめ、暴いてきた。それゆえにその関係に生じる微妙なズレ、違和感、揺らぎを掬いあげ、ディテールにこだわって表現することで、冒険小説のようにゾクゾクするドラマを創造し得たのだろう。

　そうした作家たちの中ではアン・タイラーが最高。一九八七年に訳された『夢見た旅』から、昨年秋の『時計を巻きにきた少女』までの七冊の長編小説はどれも面白く期待を裏切られることがなかった。私がいちばん好きなのは『ここがホームシック・レストラン』だけど、『アクシデンタル・ツーリスト』（映画では「偶然の旅行者」）、『もしかして聖人』も捨て難い。

　ちょっとだけ普通ではない人々のキャラクターの造形は彼女ならではの多彩さがあるし、地味でドメスティックな内容なのに、ほろにがいユーモアと切ない哀感のただよう作品世界に、ひとたびはまるともう抜けられない。

（1995・7）

夢の庭から

六月の後半の九日間、ついに念願のイギリス旅行が実現できた。ナショナル・トラスト百周年を記念した庭園めぐりに参加しての楽チンパックツアーであった。花がいちばん美しい季節で、どこを取っても絵になるイギリスの田園をめぐる、まさに夢のような日々。なかでも特別印象深いのがシシングハーストの庭。そこで食べたアフタヌーンティーのスコーンの味とともに忘れられない。イギリス人にとっても「シシングハーストを見て死にたい」と言われるほど（？）の名園は、作家ヴィタ・サクスヴィル＝ウエストと夫のハロルド・ニコルソンによって造られた。庭園内にはエリザベス朝時代のマナーハウスの一部であった塔が残っていて、その中にヴィタの書斎と書庫があって生前のままに公開されていた。自分が手がけた広大な庭を眺めながら、塔の書斎に座っていられれば、いくらだって創作意欲がわくというもの。ヴィタはヴァージニア・ウルフの恋人でもあって、『オーランドー』はヴィタに捧げられた最高のラブレターと言われている。何とゴージャスな！

帰ってからさっそく読んだ『ある結婚の肖像』によるとヴィタは貴族の一人娘として由緒あるノール城に生まれ育ち、外交官ハロルド・ニコルソンと結婚。二人の男の子が生まれるが、学友であった女性（エドワード七世の愛人の娘）とかけ落ちする。その後何度も女性に恋をしたりさまざまなことがありながら、夫ハロルドとの間には変わらぬ信頼関係が築かれ、晩年にはシシングハーストという共通の場が深い絆となって、ある意味では理想的な結婚のスタイルが確立する。そして息子ナイジェルは母の生き方を冷静に受け止め『ある結婚の肖像』にまとめあげている。

『ある結婚の肖像』
ナイジェル・ニコルスン　栗原知代，八木谷涼子 訳
平凡社

『オーランドー』は映画になっていて両性具有の主人公が十六世紀から現代まで、時には男に時には女になって登場するという不思議な雰囲気と美しい映像が印象に残っている。もう一度観直さなくては。

シシングハーストを訪ねた翌日はヴァージニア・ウルフのコテッジ、モンクス・ハウスへ向かった。小さな村の小径の奥の小さなコテッジだったが、自然のままに咲き乱れる花々と小高い丘になっていて眺望のきく広い庭があった。居間や寝室には、ウルフの姉ヴァネッサ・ベルの描いた絵や家具があり生活の中に芸術が巧みに取り込まれ、日々の暮らしが豊かに営まれていた様子がうかがわれた。それでも彼女はひどい神経障害に悩み川に身を投げてしまうのだが。

今年度私のベストワンの映画「愛しすぎて――詩人の妻」にもウルフは登場していた。T・S・エリオットと妻ヴィヴィエンの葛藤を描いているので、エリオットも読まなくては。かくしてシンドロームはひたひたと……。

（1995・10）

老いをみつめて

この一月に五十歳の誕生日を迎える。これまで、老後のことなどどこ吹く風とばかりに能天気に生きてきた身でも、時に老いを考えるようになった。小説や映画の登場人物でも若い人より、老人の方に感情移入をしている自分に気づく。

自分の年のせいばかりではないだろうが、この頃三F小説ならぬ三OW（オールドウーマン）小説すなわち老女が書いた、老女が主人公の、老女（失礼！）が読む小説が多くなったような気がする。たとえば、七十歳から書き始め、八十三歳の今も次々に活きのいい作品を発表しているメアリー・ウェズレーの『満潮』がある。イギリスの海辺の町に一人暮らす老女が自殺を決行しようとした矢先、母親殺しの逃亡者という飛び入りが入り、サスペンスを孕んだ展開となっていく。逃亡者の青年との束の間のふれあいは、主人公に最後の炎を燃えあがらせる。終章でワインとパンでのピクニックを最後にひき潮に合わせて海へ入ってゆく姿に女の一生の尊厳が凝縮されている。

感激も新たなところでは、読み終わったばかりの長編『シェルシーカーズ』がある。夢中で読み進み、終わった後もたっぷり余韻に浸れる、まさに豊潤な小説に出会えて、訳者の中村妙子氏に感謝をしなくては。

さて、著者のロザムンド・ピルチャーは一九二四年生まれのイギリス人。若い頃から短編を書いており、雑誌「婦人の友」に連載され、単行本にもなっている。代表作である『シェルシーカーズ』は一九八七年、著者六十三歳の作。

主人公ペネラピ・キーリングは著者と同年齢。「シェルシーカーズ」とは

『シェルシーカーズ』
ロザムンド・ピルチャー　中村妙子 訳
朔北社

高名な画家である父が娘ペネラピに贈った絵の題である。画家が晩年を過ごし、ペネラピが長い戦争中の苦労をしのぎ素晴らしい出会いを得た、コーンワルの海岸を描いた絵「シェルシーカーズ」をめぐる戦前から戦後にかけての家族三代の物語。

自由なボヘミアン的家庭に育ったペネラピは、若さゆえの誤った結婚の後は夫にも子どもにも多くを期待することなく、常に自分自身の才覚を頼って生き、独立自尊を貫いてきた。けれども決して偏狭ではなく、隣人との温かい交流はいつも心からのものであり、偏見を持たない公正な人柄に共感を覚える。人生の終わりを迎え、すべてにおさまりをつけて、ある朝愛する庭のベンチで静かに息をひきとるペネラピの崇高な姿は感動的である。

私の母も死を覚悟してからは、尊厳死の登録、名義の変更、友人たちとの別れ、身辺の整理まできちんと済ませたうえ、入院三日目に亡くなるという見事な最期であった。こうしたお手本に少しでも近づきたいものとしみじみ感じ入る今日このごろ。

（１９９６・１）

ナイス・ハズバンド

イ〜イナ、イイナ、チアキチャンはイイナ！　ホントに羨ましい！　などと、のっけから何を血迷ったかと言われそうだけど、今、私は〝理想の夫〟を見つけた感動に浸っている。残念ながら他人の夫ではあるが。日本も戦後五十年にしてようやく自立した夫を輩出できたのかと思うとうれしい。その人こそは向井万起男さん。あの宇宙飛行士向井千秋さんの夫である。

なんと、あのナイスカップル大賞受賞のお二人は互いを「チアキちゃん」「マキオちゃん」と呼びあっている。四十づら下げて気持ち悪いなどと、言ってはいけない。このお二人なら許される。と、力が入るようになった原因は万起男さんが書いた『君について行こう——女房は宇宙をめざした』を読んだから。

根っからの非理科系人間で、宇宙飛行なんて無縁の出来事。大金を使ってアメリカまで行って無理に乗せて貰うことないじゃない、と冷ややかに眺めていたのが、たまたまうっかり「君について行こう」の文字に惹かれて読んでみたら、これがめっぽう面白い。今やすっかり向井夫婦のファンになってしまった。千秋さんはともかく、万起男さんてどんな人？　おかっぱ頭に口ひげのいかつい風貌はテレビや雑誌で見掛けたけれど。東京生まれで中学からの慶応ボーイ、千秋さんの五年先輩、フランス文学を志したこともあり、演劇部でも活躍したという幅広い趣味を持つ面白い人。その文章も江戸っ子のノリで歯切れよく、落語みたいで抱腹絶倒。かつ、科学者らしい論理的な記述で複雑なスペースシャトルのしくみや訓練方法、実験内容までを実にわかりやすく説明してくれている。

『君について行こう
――女房は宇宙をめざした』
向井万起男
講談社

二人は出会いから十一年、親友になってから六年後に結婚したが、千秋さんの希望通り、式なし、披露宴なし、指輪なし、記念写真なし、身内だけのお祝いの集いなし、新婚旅行なし、な〜んにもなしの結婚だったとか。いいなあ、こういうの。万起男さんはこんな千秋さんを〝みなし児一人旅〟的性格と名付ける。凛々しく〝みなし児一人旅〟をしている女を男の力で変えようなんて考えてはいけないのだ。本人の好きなようにさせるしかないとひたすら成り行きに任せているという。そして、千秋さんの夢の実現のために全面的バックアップをすることになる。しかし、それはあくまでも万起男さんが医師としての仕事と勉強を続けながらである。

夫婦の片方が身を捨てて献身的に尽くすのではなく、どちらも自己実現ができたうえで、互いに協力し合えるのが理想だと思う。〝男のこけん〟とか〝男の意地〟などというカビ臭いものにとらわれないマキオちゃんこそ、まさにナイス・ハズバンドといえよう。夫族はぜひこの本を読むように。

（1996・4）

二遊間の恋

翻訳家金原瑞人氏の講演を聴いた。金原氏はこの一年間アメリカに住んでエスニック・マイノリティの文学の研究をされている。最新作である『豚の死なない日』（R・N・ペック）、『イヴの物語』（ペネロピー・ファーマー）の話が面白かったのは言うまでもないが、エスニック・マイノリティの台頭と同時にゲイが市民権を得てきているアメリカの現状の話が印象に残った。

ことに金原氏の住まいがサンフランシスコということもあって、かつてハーヴェイ・ミルクというゲイの市政執行委員がいた場所柄（『ゲイの市長と呼ばれた男』ランディ・シルツ）、ゲイはあたりまえの世界だったとのこと。それも美青年、美少年たちではなく、ごく普通からむくつけきマッチョ風まで、それだけに非常にリアリティがあったそうだ。

たしかに私たちは映画や文学の中ではいくぶん美化されたホモセクシュアルの描き方にしか出会ってこなかった。

映画では「モーリス」「アナザーカントリー」「マイ・ビューティフル・ランドレット」などの美青年たちが、日本中の女の子から中年女性までもを虜にした。ミステリーではテリー・ホワイトの『真夜中の相棒』という美しくも悲しい恋物語があった。しかし一方ではホモセクシュアルをごく現実的な事実として受け入れ理解する姿勢を示すミステリー作品も出てきている。ごひいきのレジナルド・ヒルの三人目の刑事は、いかつい醜男であるがゆえにゲイの哀しみをただよわせる。ジョナサン・ケラーマンの主人公の相棒の刑事も同様の心やさしき醜男のゲイである。

さらに、昨年にはついに大リーグの選手同士で白人と黒人のゲイ・カップ

『二遊間の恋
——大リーグ・ドレフュス事件』
ピーター・レフコート　石田善彦 訳
文藝春秋

ルが登場した。『二遊間の恋——大リーグ・ドレフュス事件』（ピーター・レフコート）には大いに楽しませてもらった。

副題にあるように十九世紀末フランスで起こったドレフュス事件を踏襲している。ユダヤ人であるがゆえにスパイの汚名を着せられたドレフュス大尉をめぐってフランス国民を二分する一大社会事件。そして文豪ゾラがドレフュスを擁護した史実にのっとり、名遊撃手、MVP有力候補のランディ・ドレフュスと華麗な守備を誇る黒人二塁手、D・Jとの恋という大スキャンダルをめぐっての全米を揺るがす騒動。そして老スポーツ記者ゾラの活躍という図式で話が展開する。クライマックスはゾラの長文の記事〝わたしは弾劾する〟「すべての人間はその性的嗜好にかかわらず野球をプレイする権利がある」と感動的に盛り上げる。

ラストシーンはまるで映画。またキャスティングが楽しめる。

（1996・7）

ロマンスに憑かれて

物語なしには一日とて過ごせない身にとって、今年もまたうれしい収穫がありました。アントニア・スーザン・バイアットの『抱擁』です。Ⅰ・Ⅱ巻からなり、各五百ページ弱の大長編。なんとも豪華絢爛な小説であり、酌めども尽きぬ芳醇な美酒のごとき物語＝ロマンスなのです。

主人公は二組のカップル。一組はビクトリア朝時代の大詩人と女性詩人。現代のカップルは大詩人の研究をしている若い学者とフェミニストの立場から女性詩人をとりあげている大学教師。どちらの場合も男性は結婚しており、女性には同性愛の相手がいる。そして現代のカップルの緻密な推理と大胆な想像力によって、ヴィクトリア朝の大詩人にまつわる、予想もされなかった激しい愛憎のドラマが姿をあらわし、それにつれて、現代の男女の四角関係もしだいに変容していく。――あとがき――

現代のカップルが読み解いていくビクトリア朝のカップルの関係は、すべて、残された手紙、作品、日記などから推理するしかない。従ってこの小説にはビクトリア朝の文学者の詩、手紙、日記がふんだんに挿入され、さらにそれらの作品の中には過去の文学作品からの引用をはじめ、ギリシャ神話、北欧神話、ケルト伝説、ブルターニュ民話、アーサー王伝説などあらゆる作品の断片が織りこまれている。この非常に複雑な多重構造の入れ子のような小説世界のすべてが一人の作家の創作とは信じ難い。私なぞ思わず途中で、ランドルフ・ヘンリー・アッシュとクリスタベル・ラモットを検索しなくてはと思ったくらい。恐るべき創造力といえる。著者は現代イギリスの最高の知性と言われているそうだが、さもありなん。

『抱擁』
スーザン・バイアット　栗原行雄 訳
新潮社

一度目は余りの面白さにストーリーを追うのに忙しく、挿入されている長い詩をとばして浅く読んでしまったのがもったいなかった。脇役のキャラクターの造形しかり、心霊術の場面、ビクトリア朝に流行した宝飾品ジェットのブローチのエピソード等々のディテールにも手を抜くことのない描写は、さながらミニアチュールの美術館をめぐっているような思い。何度も読み返し楽しめる小説でもある。そしていつの日か北ヨークシャーやブルターニュの風景の中に立ち、アッシュやクリスタベルの跡を辿ってみたい。

それにしても、イギリスの女性作家の層の厚さはすごい。もう二十年も前から、バイアットの妹、マーガレット・ドラブルやアイリス・マードックに注目してきたがその後も、アニタ・ブルックナー、ペネロピ・ライヴリー等、オックス・ブリッジ出身の才媛が続々とブッカー賞を受賞している。オースティンから続く女性作家の伝統はいよいよ華やぐ。

（1996・10）

分裂症的読書日記

とっくに「からかす」の締切がすぎているのに何ともまとまらない。ええ、もう楽屋を見せて生の原稿をそのまま出しちゃえ、乞う！お許しを。

某月某日

医学ミステリーの草分けロビン・クックの新作『アクセプタブル・リスク』を読む。ニューイングランドの魔女裁判の歴史と現代の新薬開発のベンチャービジネスとを結びつけた興味深い内容であったが、最後の怪奇的展開はどうもいただけない。

某月某日

『一億の地雷ひとりの私』（犬養道子）、前著『世界の現場から』の続編ともいえる作品。世界の紛争地の難民救済のため、すぐに立ち上がり、七十歳を過ぎた身で持てる限界まで救済物資を背負って、直接難民に届けるという行動力にただ敬服。キリスト教というバックボーンがあるとはいえ、日本女性として誇らしい。癌に罹った犬養さんが入院したスイスの病院の医療姿勢も目からうろこ。ゆめゆめ日本の大病院には行かないようにしよう。昔々、『花々と星々と』は読んだけれど、犬養さんの本、さしあたりは『お嬢さん放浪記』を読まなくては。

某月某日

アメリカのノンフィクション、村上春樹訳、文藝春秋、これだけで食指が動いて読み出したのが、まちがいだった。なんという辛い、恐ろしい世界。どんどん気が滅入ってくる。こんなに落ち込むのは『シンプルプラン』以来だ。でもあれはフィクション、これは実話だものやりきれない。『心臓を貫かれて』は、自ら、判決どおりの死刑を望んで処刑されたゲイリー・ギルモアの物語。

実弟であるマイケル・ギルモアが一族の歴史の闇を身を切るように描いている。家族のなかの過剰な愛と暴力が、青年の心を破壊し、四人兄弟にそれぞれの荒廃がもたらされた。ギルモア家の人々はそれを「ゴースト」と呼ぶ。訳者はあとがきで「マイケルが勇気を振り絞ってこの本を書き上げたことによって、果たしてゴーストの追跡からうまく逃げおおせるかどうか、僕にはわからない。僕にわかるのは、この物語を読んだ多くの読者が、本の最後のページを閉じた後で、おそらくはそれぞれのゴーストに向かい合うだろうということだけだ」と言っている。やはり私も向かい合わざるを得なかった。苦い味がいつまでも残っている。

某月某日

口直しには『ホース・ウィスパラー』（ニコラス・エヴァンス）マディソン郡よりはちょいましな恋愛小説。

某月某日

お待ち兼ねの年一作ペースのD・フランシス『敵手』、ミネット・ウォルターズ『鉄の枷』。軍配は断然『鉄の枷』に。やっぱり女は偉い。というわけで今は、『イザベラ・バード旅の生涯』が面白い。

（1997・1）

読書日記・2

一月一日

さて、今年の読み初めは『招く女』（アニータ・ブルックナー）。毎年お正月くらいは格調高く、血なまぐさくないものをと選んでいる。ブルックナーは『秋のホテル』をはじめとするブルックナーコレクションを欠かさず読み続けている。オースティン以来の英国女流作家の伝統を受け継ぐ作家であり、じっくりと読みごたえがあった。

某月某日

家族が皆出掛けた休日、私は終日おこたで読書。これぞ至福のひととき。ハワイへ行くかわりに『ハワイイ紀行』（池澤夏樹）で楽しむ。独特の科学的な切り口が新鮮。ハワイイを象徴する人物の描写も興味深い。

某月某日

『シメオンの花嫁』（アリソン・テイラー）は英国ミステリーの新人の作品。ウエールズの地方都市が舞台。アイリッシュで頭の切れる刑事が主人公。そのキャラクターは私好みで期待が持てる。犯人をはじめひどい女ばかりが出てくるのも珍しい。

某月某日

『クダラン』（中野翠）。サンデー毎日の連載コラムを一年分まとめたもの。ほとんど好みが一致して、思わずひざを打つ。エイダン・クインがご贔屓なのも、ブラピが嫌いなのもうなずけるけど、『ユージュアル・サスペクツ』を買うのは解せない。石川三千花との『ともだちシネマ』がまた楽しい。アカデミー賞受賞式を映画ともだちと悪口を言いながら見るのは私もぜひやってみたい。

某月某日

評判の『猫とみれんと』（寒川猫持）をようやく手に入れて読んでみたけど、どーってことなかったなあ。妻に去られた中年医師のおもしろうてやがて哀しい短歌。山本夏彦氏絶賛とのことだけど……。

某月某日

『にんげん蚤の市』（高峰秀子）。高峰秀子の歯切れの良い文章が好きでエッセイが出るとたいてい読んでいる。今回もめっぽう面白かった。オットドッコイこと夫の松山善三氏との老夫婦ふたりのすっきりとした暮らしぶり、心憎いばかりの気配り、気働きに恐れ入ってしまう。

著者とかかわる有名無名の人々の人間観察が見事。

某月某日

高峰さんの〝江戸前〟も小気味良いけれど、大月隆寛の『てやんでえ！』もなかなかのもの。ベストセラーをかたっぱしから、切りきざみ、べらんめえ調でこきおろす。大江健三郎の『小説の経験』ではもう、絶好調！　カッコイイ！

（1997・4）

読書日記・3

世は「失楽園」ブーム。図書館の予約の件数が新聞ざたになってしまった。千件を超える予約に振り回されて、空しい思いで仕事をこなしている。さてベストセラーとは無縁な読書生活は読みたい本が積み重なり、忙しさと老眼の進行が相俟って、高さを増すばかり。

某月某日

日曜日の夜遅く、ＢＳの「ブックレビュー」を見る。とりあげられる本の中で、ひらめくものがあると本屋をハシゴしてでも手に入れて読むことになる。『ビート・オブ・ハート』（ビリー・レッツ）は目黒孝二氏のおすすめ。まさにハートウォーミングな佳作。アメリカ南部の田舎町のスーパーマーケットでボーイフレンドに置き去りにされた身重の少女をめぐる物語。何ひとつ持たない少女がたった一人で赤ん坊を生み、育てていく。ピュアな母子の存在そのものが周りの人々の心をうごかし、手を差し延べることで彼ら自身が癒やされていく。現代のおとぎ話だけれどなぜかほっとする。

某月某日

『室内四十年』（山本夏彦）は、なかなか、面白くてためになる本であった。山本氏のエッセイやコラムはいつも愛読している。いじわるじいさん風の辛口で小気味よい語り口が好き。

この本は社主としてインテリア雑誌『木工界』後『室内』を四十年間発行してきた氏がその歩みを回顧。社員であるうら若き女性が聞き役。年齢差の大きい二人のかけあいが巧まざるユーモアを醸す。昔の職人の話など興味ぶかい。

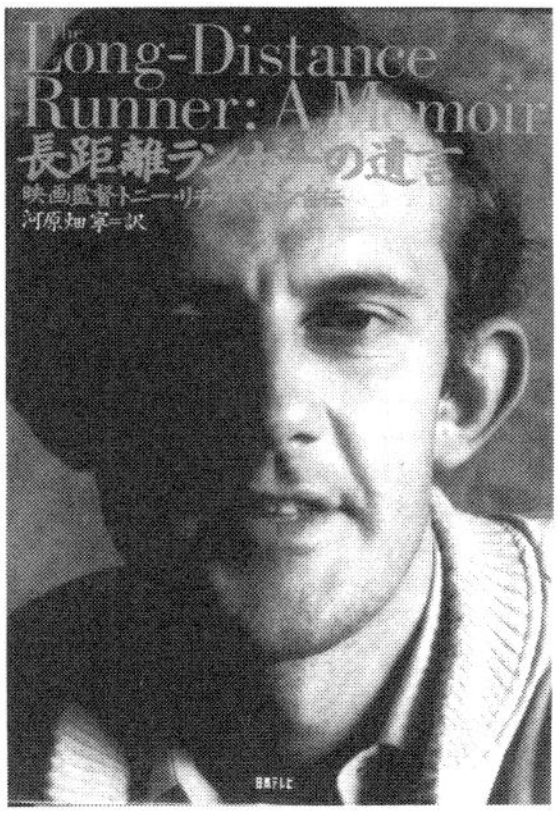

『長距離ランナーの遺言
——映画監督トニー・リチャードソン自伝』
トニー・リチャードソン　河原畑寧 訳
日本テレビ放送

某月某日
『室内』の常連執筆者である石山修武氏の『住宅道楽・自分の家は自分で建てる』を読む。伊豆の長八美術館を設計した著者は今、住宅設計にはまっていて、その熱い思いを説く。日本のオフィスビルは世界でも一級品になって、日本の住宅は世界でも最低クラスのものであり続けたが、これからは住宅が持つ意味はさらに大きくなっていくと。美のかけらもないオウムのサティアン群についてのコメントも面白い。かなり専門的な内容だが文章が洒脱で読みやすい。

某月某日
『長距離ランナーの遺言　映画監督トニー・リチャードソン自伝』は懐かしさに胸がいっぱい。ジョン・オズボーンの「怒りをこめてふりかえれ」、アラン・シリトーの「長距離ランナーの孤独」「土曜の夜と日曜の朝」、そして「トム・ジョーンズの華麗な冒険」。一九六〇年代初頭、ワクワクしながら見た映画、読んだ文学たち。あこがれの存在だったリチャードソン監督が自ら語る。夫人だったヴァネッサ・レッドグレイブのことも、恋人だったジャンヌ・モローのことも。遺作となった「ブルースカイ」はとてもみずみずしい作品だった。大変な才能を失った。

（１９９７・７）

読書日記・4

某月某日

私は本についての「本」が好き。仕事の必要に迫られてというより、自分の楽しみで読む。新聞、雑誌の書評欄はもとより、書評新聞、書評雑誌、出版社のPR誌、単行本まで一応目を通す。そんな中からピピッとアンテナに触れてくるものを読んでみる。時にはあまり期待していなかったのに思わぬ掘り出しものがあったりしてうれしい。このところ一番の掘り出しものは『しゃべれどもしゃべれども』（佐藤多佳子）。若いのに一徹なところのある二つ目の落語家が、ひょんなことからしゃべりにコンプレックスを持つ人たちに落語を教えることになる。イヤイヤ始めたことが次第に一生懸命になって、メンバーともども盛り上がっていくのが笑えるし、ジーンと来る。なんとも軽やかな青春小説で後味すっきりさわやかで江戸の粋さえ感じさせる。著者は児童文学でデビューしていて大人の小説はこれがはじめて。児童文学のほうでもその文体の新しさが印象に残っていた。

某月某日

『恋愛療法』（デイヴィット・ロッジ）。四年ぶり、待ちに待ったロッジの新作。期待に違わぬ充実感。主人公は著者とともに年を取り、五十代半ば。老いを自覚し始めた男のジタバタがユーモアと哀歓を込めて綴られる。主人公が受けているさまざまなセラピーのひとつとして書かれた手記という設定。しかも主人公のまわりの女性たちの独白も主人公の手になるという入れ子のような構成でひねりがきいている。そしていつものロッジ作品同様ハッピーエンディングで、読んでいる我々もセラピーを受けることになる。ロッジの

『しゃべれどもしゃべれども』
佐藤多佳子
新潮社

主人公はかわいくて好き。たとえデブでハゲでもそばにいてあげたくなる。

某月某日

直木賞で話題の『女たちのジハード』（篠田節子）を遅まきながら読んでみた。なかなか読ませる。おそるべきリアリティ。行動する女たち、負けない女たち、しなやかに、自然体で……。早速ドラマ化されたけどドラマではすべて半減、ダメだった。それにしても高村薫、桐野夏生、篠田節子とリアリスト御三家の実力はお見事。

某月某日

『死の泉』（皆川博子）はナチス、レーゲンスボルグ、カウンターテナーなどのキーワードに魅かれて手に取った。タイトルページの次にまたタイトルページがあり、そこにはドイツ語の本を訳したことになっている。つまり著者はドイツ人になりきってこの恐ろしくも美しい物語を語ってくれる。ナチスは純粋なアーリア人を増やす目的で若く健康な女性の出産を奨励保護する一方で、占領地から金髪碧眼の子どもをさらって来た。想像を絶する話だが体験を書いた本がでているし、テレビドキュメンタリーにもなっている。

（１９９８・１）

永遠の女性像

この四月、はじめてのイタリア旅行にでかけることができた。大学で美術史を専攻したものの三十年のブランクは取り返しようもなく、まして旅行前の予習なんて身になるはずもない。かくしてパックツアーにのっかってのお決まりの観光コースをなぞる旅ではあった。それでもフリータイムを活用し、貪欲に美術館を訪れた。ミラノでは、ブレラ美術館。ヴェネチアではペギー・グッゲンハイム美術館。フィレンツェではウフィッツィ美術館、サン・マルコ修道院、パラティーナ美術館、バルジェッロ美術館。ローマではヴァチカン美術館、システィナ礼拝堂、サン・ピエトロ寺院、ボルゲーゼ美術館。イタリア・ルネッサンスを頂点とするイタリア美術の傑作の数々を目の当たりにできた感動は大きかった。学生時代にはイタリアへ行って実物が見られるなんて夢にも思わなかったもの。帰ってから本を読んでみるとますます興味がわき、今度はフィレンツェに腰を落ち着けてじっくりと鑑賞しなくては、ともう次の機会をうかがっている。

というわけで、美術史モードになっていた頭に引っ掛かってきたのが『旅する石工の伝説』(松谷健二)。表紙を飾る石像に見覚えがあった。ドイツ・ゴシックの絶頂を示す彫刻、ナウムブルグのウータの像。高校生の頃から、何度も本の中で見かけ、その面影が強く印象に残っている。十三世紀の中頃に無名の巨匠によって刻まれたこの石像は、暗黒の中世の夜明けを告げるかのように人間的なみずみずしい情感にあふれた女性像となっている。夫であるドイツ辺境伯エッケハルトと並んで立つウータは、頭巾で包んだ頭に華やかな冠を載せ、右手でマントの衿を押さえている。はりつめた表情でひたと

『旅する石工の伝説』
松谷健二
新潮社
【品切】

前を見つめる高貴な女人の姿は七百年余の間、数多くの人々を虜にして来たであろう。中山公男は『西洋の誘惑』の中でヨーロッパでの対面を期した三人の女性の面影の一人にあげている。そしてこの本の作者松谷健二氏もまたウータに魅入られた人だった。ウータ像の存在を知ってから二十年をかけてこの物語を完成させたという。実際には出会うことのなかったウータとナウムブルグの巨匠の物語を創造させたのはウータ像が放つオーラによる。おそらくいくつかの物語が生まれたにちがいない。主人公の石工は少年の日にウータに出会ってのち、ローマでの修行を終えて二十年後にナウムブルグに戻り、亡きウータの面影を永遠に結実させた。イタリアからの帰途、ローマからアルプスを越えてオランダのスキポール空港で乗り換えた。暗い雨もようの空を見て、北ヨーロッパの人々の南への憧れがわかったような気がした。

（1998・7）

子どもの本棚から

九月二十一日、皇后様が、国際児童図書評議会世界大会でビデオによる基調講演をされた。当初はニューデリーで開かれた大会にお出掛けになって講演される予定が、インドの核実験実施によってビデオになったとか。とても残念なことだが、それだけに講演の最後に触れられた、子どもたちに託された平和への願いが切実なものとなった。ご自分の子ども時代の読書体験をふまえて、読書が自分に根っこを与え、翼をくれたと、やさしく、よどみなく、ご自分の言葉で語られて、見事な講演だった。子どもと本をむすぶ仕事に携わる身にはとても励みになった。

さて、「からかす」の読者である大人たちも翼を、ときには、軽やかに翔び戯れる翼を持ちたいもの。かつて、子どもたちが大人の本棚から、「ロビンソン・クルーソー」「ガリバー」を見いだしたように、今、子どもの本棚から、その翼を借りてみてはいかがでしょう。とべるか、とべないかは、あなたのオ・モ・サ次第。

まずは、もの言う動物の物語を愛犬家のH先生と愛豚家（?）のX女史に捧げる。『子ブタシープピッグ』（ディック・キング＝スミス）は、映画「ベイブ」の原作。ある日、ホギットさんの農場に貰われてきた子ブタを、見どころあり、と見て、母親のように面倒をみることにした牧羊犬フライの訓練の甲斐あって、立派なシープドッグならぬシープピッグに成長した子ブタのベイブ。ホギットさんもベイブの能力を見抜いて、シープドッグ・チャンピオン大会に出場することに。このシープドッグ・チャンピオン大会なるものが実際にイギリスで行われていて、テレビ中継もされている。林望の『イギ

『子ブタシープピッグ』
ディック・キング＝スミス　木原悦子 訳
評論社

リスは愉快だ』でも言及されていてうれしかった記憶がある。

　農夫の経験を持つ作者による、ひなびた農場を舞台に繰り広げられるユーモラスな動物ファンタジー。動物たちは擬人化されているが決して子ども騙しのおとぎばなしではなく、緻密な観察にもとづいたものであり、個性的なキャラクターとひねりのきいたせりふ、絶妙のネーミングといい、大人の鑑賞に充分堪え得るものである。ほかにも『飛んだ子ブタ　ダッギイ』『みにくいガチョウの子』『女王の鼻』などがおすすめ。同じように擬人化された動物を描いて読みごたえのある作品として、ちょっと古いけれど、アメリカの作家E・B・ホワイトの『シャーロットのおくりもの』がある。ここにも豚が登場する。かしこく、美しい雌の蜘蛛シャーロットと豚のウィルバーとの熱い友情の感動的物語。

（1998・10）

読書日記・5

某月某日
遅ればせながら、図書館の利用者の強いおすすめで『黒い家』（貴志祐介）を読む。なんとも凄惨で恐ろしい話。あの和歌山カレー事件より数か月前に出版されているにもかかわらず、中年女性による保険金殺人の話。著者が保険会社勤務の経験をもつというところが最もこわい。

某月某日
『黒い家』の後は口なおしに『エミリー先生』（ミス・リード）を手に取る。本のカバーからしてさわやかさが匂いたつ。ダークグリーンの地に白い可憐なスノードロップの花が首をもたげている。ピルチャーの『シェルシーカーズ』以来、中村妙子さんの訳書にカバー絵を描いてこられた亘緋紗子さんの手によるもの。南イングランドの田舎を舞台に村の学校の女教師エミリー・デイビスの一生を通して、二十世紀はじめから第二次大戦後までの英国田園生活が詩情豊かに、ユーモラスに語られている。まことに心洗われる作品。続編刊行の予定もあって、また落ち込んだ時の元気の素となりそう。

某月某日
P・D・ジェイムズの新作『正義』が期待にたがわず楽しめた。辣腕の女性弁護士がミドル・テンプル法学院の自宅で殺され、法廷弁護士のシンボルであるかつらが血でけがされていた。ナイフで心臓を一突きした殺害者と遺体に細工をしたのは同一人物か、ダルグリッシュ警視と部下のケイトの捜査が始まる。

陪審員による、「疑わしきは罰せず」の推定無罪が原則の裁判制度における「正義」とは何かをつきつめていく。登場人物すべてを際だったキャラクターで肉付けしていく力技が見事。その分、今回はダルグリッシュが脇にまわった感がある。

それにしてもこのところのP・D・ジェイムズの作品には哀切な感じが漂うのはなぜかしら。

某月某日

やはり贔屓のレジナルド・ヒルの新作『幻の森』も読みごたえのある佳作だった。パスコー警部の曾祖父にまで話はさかのぼり、パスコーは過去にとりつかれる。イギリスの多くの若者の命を奪い、心を蝕んだ第一次大戦の爪痕が生々しくよみがえる。そしてもう一人贔屓筋、ルース・レンデルの新作『石の微笑』と。どっぷりイギリスミステリーにはまって、しあわせ。

某月某日

ミステリーばかり読んでちゃいけない。と自分に言い聞かせて『ワスプ（WASP）』（越智道雄）を読む。多民族社会アメリカで多数派であるアングロサクソン系アメリカ人のプロテスタント教徒に対して使われた略称ワスプの社会学的考察が、映画や文学を分析しながら語られていて読みやすい。続いて、越智氏の『孤立化する家族――アメリカン・ファミリーの過去・未来』も面白そう。

（１９９９・１）

生き延びよ、子どもたち

昨夜のニュースでもまた、虐待されて亡くなった子どものことが取り上げられていた。数年前からこうした事件が頻繁にマスコミに登場するようになった。先日も新聞に児童虐待の統計数字が発表されていた。ちなみに愛知県はいちばん多かった。しかも、こういうことは事件となるのは氷山の一角、実際にはかなりな件数なのだろう。関連図書の出版も増えている。コミックもあってよく読まれている。

アメリカではさらに、十数年前からミステリーに児童虐待が登場するようになっていた。アンドリュー・ヴァクスやジョナサン・ケラーマンの作品はほとんどがそれ。性的虐待は普通の小説でもまたかというほどモチーフとなっている。タブーなき時代の唯一のタブーともいえるからなのか。

さて、話題の本『永遠の仔』（天童荒太）も幼年期に虐げられ、心に深い傷を負った子どもたちの物語。上下二冊二千三百八十五枚の長編だが一気に読ませる迫力がある。

まず、装丁がいい。白をバックに舟越桂の彫像三体が表紙と裏表紙にわたっておかれている。きっと口を引き締め、ひたすらに遠くを見詰めるまなざしの若い像は、この物語のはりつめた緊迫感と哀しみを見事に表している。

瀬戸内海に面した児童総合病院の精神科病棟で出会った、少女と二人の少年。そこは動物園と呼ばれ、入院中の子どもたちはそれぞれ動物の名で呼びあっていた。ジラフは体中にタバコを押し付けられた跡があるから、モウルはモグラで暗いところに閉じ込められるとパニックを起こすから。少女にはイルカの名がつけられる。実の親から受けた傷があまりにも深いため自らを責め、自分を否定してしまう子どもたち。三人が嵐の夜、森の中で互いの傷を嘗めあうかのように、たがいの心に寄り添って、辛い思いを打ち明けあい、「自分たちは生きていていいんだ。救われていいんだ」と確認しあう。そのために三人は霧の霊峰で殺人を犯す。

そして十七年後、少女は看護婦に、二人の少年は弁護士と刑事になっていた。再会を果たした三人に過去が鮮やかに蘇る。傷口が再び開き、その血は周りの者にもふりかかる。

いささかも緩むことのない精緻な描写はリアリティがある。子どもたちの痛みが生々しくて息苦しくなるほど。大人たちの性格描写も丁寧で説得力があるためかえってやりきれない。

傷を負った子どもたち、成人してからの再会、過去と現在とを交互に描く、など、キングの『ＩＴ』と共通する要素が多いが、こちらのほうがはるかに精神性が高く、深みがある。

この作家にはこの作品ではじめて出会ったが、前作『家族狩り』では山本周五郎賞を受賞している。そして、今度は直木賞まちがいなし。

（１９９９・４）

読書日記最終便

某月某日

ここ数日、目の隅で蚊が飛んでいて、本が読み辛い。いわゆる飛蚊症という状態、放っておくしかないとのこと。老眼も進んで読むスピードもすっかり落ちて、机上の新刊本は積み上がるばかり。泣き言を言いつつそれでも本はありがたい。『今日も映画日和』（和田誠・川本三郎・瀬戸川猛資）は楽しかった。三人は、毎日新聞の読書欄の常連であり、選手会長である丸谷才一さんの音頭取りで集まる年に一度の懇親会の二次会では、ひたすら古今東西の映画の話で盛り上がった。それが発端で雑誌「カピタン」でのてい談となり、この単行本となった。かねてから読書欄は「毎日」がいちばん面白いと思っていたし、映画については、和田さん、川本さんはいうまでもなく、瀬戸川さんも『夢想の研究』以来のファンなので、こたえられない贅沢な顔ぶれ。和田さんはちょっと上だが、川本さんが一九四四年生まれ、瀬戸川さんが一九四八年、私は一九四六年で、ほとんど同世代、小学校の頃から兄の映画雑誌を熟読していたこと、高校時代にはまだ、田舎町にも映画館が二つもあったこと、そして、大学時代は新京極の三本立て映画館に入り浸ったのが幸いして懐かしく、どの話にもついていけた。ただ、西部劇が嫌いだったから、そこはパス。

三人に共通していえるのは、映画を分けへだてなく観てきたこと、博識であること、決して作品をけなさないこと、あきらかにミーハーでもあること。ゆえに面白くてためになる本となっている。映画で外国を知り、映画で歴史を知ったのは私も同様で、外国へ行くたびに風景が映画とダブってしまう。

先日トルコへ行った時も、マルマラ海クルーズの船上から見たイスタンブールで「ミッドナイトエクスプレス」を思い出し、ガリポリを通った時には「誓い」を思った。おまけに軍事博物館では「誓い」が上映されていて、「アルビノーニのアダージョ」が流れていて一人で感激していた。

このごろはなかなか映画館へ出掛けられなくなって、WOWOWのおせわになっている。今日もグレタ・ガルボの「椿姫」なんか観てしまった。

某月某日

これもまた面白くてためになる本『思考のレッスン』(丸谷才一)。文藝春秋のPR誌「本の話」に連載中から楽しみにしていた。単行本になったらぜひ手元に置き、レッスンを忘れないようにしようと思っていた。

「考えるためには本を読め」「あわてて本を読むべからず」「ひいきの書評家、学者をつくれ」「文章は頭の中で完成させよう」「言うべきことを持って書こう」。ね、ためになるでしょ。しかも、編集者の問いに答えるというスタイルなのでリラックスして読める。先の本で和田さんが言っているように「丸谷さんは濃い内容を軽快に語るスピーチの名人」なので断然面白い。

(1999・12)

II

今を生きる子どもたち

アメリカの女工哀史

ニューベリー賞を受賞した『テラビシアにかける橋』での鮮烈なデビューから十数年。『海は知っていた――ルイーズの青春』では二度目のニューベリー賞を受賞し、『ガラスの家族』『父さんと歌いたい』『もうひとつの家族』と一作毎に期待を裏切ることのない力作が続いたキャサリン・パターソンの最新作『ワーキング・ガール』が翻訳出版された。これまでの作品ではいずれも現代のさまざまな状況に置かれた子どもとその家族の姿を、深い洞察力に裏打ちされた厚味のある作品世界の中で築いてきた著者が、今度は百五十年前のニューイングランド地方を舞台に一人の少女の自立の物語を描いている。

ことの起こりは、バーモントの山奥の小さな丸木小屋にクマが入ってきたことだ。父さんが家を出て行ってから頭が少しおかしくなっていた母さんは、小さい妹たちを連れて伯父さんの所へ行ってしまった。残された十三歳のリディと弟チャールズは二人で畑と牛の世話をし、なんとか冬を越すことができた。しかし、二人だけでやってゆく見通しがついた矢先、借金のかたにすべてを手離し家を離れなければならなくなった。

チャールズは粉屋に、リディは宿屋の下働きに雇われるが、もっとお金を稼ぐためリディはローウェルの紡績工場の女工となる。

農場や下働きの仕事をこなしてきたリディにとって、工場の仕事はものすごい騒音以外はさほどの苦痛ではなかった。親切な先輩ダイアナの助けもあって、すぐに模範工となり、蓄えも増えていった。

産業革命の波がおし寄せていたその時代の工場では生産を増やすため、女工の労働は日々苛酷になっていき、体をこわす者も出てきた。一方、工場に

『ワーキング・ガール』
キャサリン・パターソン　岡本浜江 訳
偕成社

改善を訴える運動も起こってきていた。しかし、リディは一刻も早く借金を返したい一心で、そんな動きにも目を向けずひたすら働いた。それでも、工場に新しく入って来たアイルランド移民の、リディよりさらに貧しい少女との出会い、母さんの死、幼い妹レィチェルへの愛と責任などなど、リディの肩には重過ぎる試練がふりかかる。

困難を切り抜ける中で多くを学び力をつけてゆくリディ。クエーカー教徒の青年の求愛もしりぞけて、自立への旅に出るリディ。新しい時代の息吹きを感じさせるさわやかな作品となっている。

パターソンの作品をすべて訳している岡本浜江さんの訳文は、田舎の素朴な女の子のなまりを残す語り口にしたことで、よりリアリティを増したように思われる。

これより数十年後、日本では『あゝ野麦峠』に描かれた女工哀史の時代がある。野麦峠を背板に乗せられて越える途中で息絶える女工の姿に、夢を果たすことなく結核で死んでゆくローウェルの女工の姿が重なる。

あとがきによると、著者はバーモント州誕生二百年記念行事の一環として、女性による歴史研究グループが発足し、それに参加した結果この作品が生まれたとのこと。逃亡奴隷の登場やアイルランドの飢饉による大量のアメリカ移民の安い労働力の導入など、アメリカ近代史の一端がしっかりと描き込まれている。

百五十年の間にどれだけの変化があり、人はどれほど幸福な生活が送れるようになったのだろうか。アメリカで、日本で。

（1994・12）

今も妖精のいる国
アイルランドの2つの物語

私はかねてからアイルランドに憧れている。かの地のことを書いた本を読み、かの地が舞台となった映画を観、ケルトの音楽やエンヤのCDを聴く日々を送っている。後はアイルランドへ行くばかり、というそんな時、うれしいことにアイルランドの妖精たちが今も大活躍する物語が相次いで出版された。

『パディーの黄金のつぼ』では、アイルランドの〝小さい人たち〟(リトル・ピープル)レプラコーンのパディーと人間の女の子ブリジッドとの出会いと別れが描かれている。

レプラコーンは靴屋の小人で、もじゃもじゃの赤毛以外は全身みどりで、変わった靴をはいていて、黄金のつぼをかくしているといわれている。

ブリジッドは八歳の誕生日の朝、たまたま四つの条件が全部揃って、パディーことP・V・W・R・H・オライリーに会うことができた。

百七十四歳のパディーと八歳のブリジッドはすっかりなかよしになる。動物の言葉がわかるパディーはうさぎのスノーがキツネを怖がっていることやロバのネディーの歯が尖って痛がっていることなどをブリジッドに伝えて、農場の動物たちを助けてくれた。一方、ブリジッドはクリスマスプレゼントにパディーの好きなウイスキーを贈ったり、楽しい日々は過ぎ、別れがやってくる。そして黄金のつぼはほんとうに埋まっているのだろうか。

作者のディック・キング＝スミスはイングランドで長く農業をしていた人で農場の動物を主人公にした作品で親しまれている。

子ブタが立派なシープドッグならぬシープピッグになる『子ブタシープピッグ』、生まれつき足に障害を持つ子ブタが〝飛ぶ〟ことに挑戦する『飛

『妖精王の月』
O.R.メリング　井辻朱美 訳
講談社

んだ子ブタ・ダッギィ』などユーモア・アニマルファンタジーの傑作が次々と翻訳されている。

もう一冊の『妖精王の月』はグレイドが高く、ヤング・アダルト向けの愛の物語。

ファンタジーの世界に憧れる少女フィンダファーとカナダから休暇を過ごしにきたいとこのグウェンは念願だった別世界の探検に出発する。出かけた早々にタラの丘の〈人質の墳墓〉でキャンプした夜、フィンダファーが妖精王フィンヴァラにさらわれる。グウェンはいとこを連れ戻すために、一人でアイルランドに点在する妖精にまつわる遺跡を巡る旅をすることになる。途中、レプラコーンらに助けられ、別世界を信じる仲間を得ながらの冒険行。そしてグウェンと仲間たちはフィンダファーを妖精の国から連れ戻すのではなく、妖精王とともに邪悪な影〈狩人〉との戦いに挑む。

妖精の世界と人間の世界を、ふたつの相いれないものと見るのではなく、互いに共存していくことの大切さに気づいていく現代の若者たちの雄々しい姿を描いている。現代の街角や、パブでフィドルを奏でるジーンズ姿の妖精、妖精の宴できらびやかな衣装で舞い踊る妖精たちが鮮やかに色彩豊かに描かれる。

ファンタジー、フェアリーランドに魅入られながらも現実にしっかりと足をつけている理知的なキャラクターを登場させることで昔ながらの妖精譚を現代的な新鮮な物語として息づかせている。

妖精と人間の交感が、ごく自然に行われている国アイルランドへの憧憬は増すばかり。

（1995・5）

読書嫌いも黙る　とびっきりの痛快本

夏休みの宿題で最も頭の痛いのが読書感想文。最後まで手がつかなくて、始業式が終わってから図書館へ駆け込んで来て、「感想文が書きやすくって超薄い本ない？」と訊いてくる子が毎年、少なからずいる。また課題図書や学校で紹介される本というのが往々にして面白くないとくる。そんなわけで読書感想文は毎年せっせと読書嫌いの子を増やしているようなもの。

でもこの夏は大丈夫。「課題図書なんかやめて、これを読んでごらん、感想文なんて書かなくていいから」と言って、『ジンゴ・ジャンゴの冒険旅行』をおすすめすることができる。図書館員にとっては最後の切り札となるお助けの一冊となるであろう。

時代は十九世紀の中ごろ。アメリカ北部のボストンからはるばるメキシコまで、孤児院育ちの少年ジンゴの宝さがしの冒険旅行。とにかくハラハラ・ドキドキ、面白いことは何でもありの痛快無比の物語。

強欲ばあさんダガット院長から煙突そうじ屋ジム・スカーロック将軍に売られたジンゴは、まんまと逃げて、ひょんなことから宝の地図が彫ってあるクジラの歯を手に入れる。ところが再び捕まって、今度はジンゴの父親を名乗る怪しげな紳士に売られてしまう。しかし、ジンゴの記憶に焼き付いている父親とは似ても似つかない。それに自分を捨てた父さんなんて絶対に許せない。それでも、孤児院よりましだし、宝さがしにメキシコへ行くには、この紳士と一緒のほうが良さそうだと考えたジンゴは正体不明のピーコック氏と旅を続ける道中、追いはぎとの一戦、顔のない肖像画の顛末、ピーコック氏のマラリヤさわぎ、ジプシーの一行との出会い、オンボロ船での航海と沈

『ジンゴ・ジャンゴの冒険旅行』
シド・フライシュマン　渡邉了介 訳
あかね書房

没などなど、二人の行く手には次々と事件が起こる。どんな難題もさらりと切り抜けていく頭の切れるピーコック氏をいつか尊敬し信頼するようになっていくジンゴ。

さらに同じ宝をさがす院長と将軍一行との追いつ追われつの争奪戦が繰り広げられる。ジンゴの父親はいったい誰なのか。最後まで息をつかせない迫力。

いつの時代にも子どもの心をしっかりと捉える、こうしたオーソドックスな冒険物語が最近少ないだけに貴重な作品といえる。

作者シド・フライシュマンは一九二〇年生まれのアメリカ人。十九世紀アメリカの歴史に興味があるそうで、このほかにも『ゆうれいは魔術師』、『身がわり王子と大どろぼう』などがある。どれも痛快な冒険物語で、ユーモラスでテンポの早い語り口で読みやすい。息子のポール・フライシュマンの『半月館のひみつ』も同じ傾向の作品。

この作品の雰囲気を盛り上げるのに大きく貢献しているのが佐竹美保さんの挿絵。スクラッチングの手法を駆使した白黒の力強いタッチの挿絵の一枚一枚が楽しませてくれる。生き生きとした表情は登場人物のキャラクターを際立たせている。

伝統的な木版画の格調高さも感じられる持ち味は、最新作『幽霊の恋人たち』でも存分に発揮されている。これからの仕事が期待される。

（1995・8）

アイルランドへのあこがれ

旅といえば、今いちばん訪れてみたい国はアイルランド。この六月にイギリスへ行ったけれど、これはほんの足慣らし、なんといっても本命はアイルランド。私のアイルランド熱も今や重症。そもそもいつから興味を持つようになったのか記憶は定かでないが、ここ数年来は文学、映画、音楽と、何かにつけて〝アイルランド、アイリッシュ、ケルト〟が目にとび込んで来る。

ジョイスやイエイツなどは敬遠してしまうが、『ふたりの世界』や『スナッパー』などは気軽に楽しめる。映画は「アラン」「ライアンの娘」から「マイ・レフト・フット」「クライング・ゲーム」「ヒア・マイ・ソング」と粒ぞろいの秀作が連なる。ひいきの俳優もピーター・オトゥール、ケネス・ブラナー、D・D・ルイス、ガブリエル・バーンと、皆アイリッシュ。そして私のリストはどんどん長くなる。

しかし、これではただのミーハーではないか。少しはアイルランドのことを勉強しなければと考えていた時出合ったのが、『アイルランド歴史紀行』であった。著者は経済学者である。イギリスの近現代経済史の研究のためイギリス留学中の一九六九年にはじめてアイルランドを訪れて以来、二十年余のアイルランドへの蘊蓄を傾けて語られている。アイルランドとはいったいどういう国か、アイルランド人とはいったいどういう人たちなのか、という疑問と好奇心との長いつきあいが実を結んだ、この著作はめっぽう面白く、アイルランドへの熱い思いにあふれていてうれしい。

私自身のかねてからの疑問、「なぜ三百年もの間、プロテスタントとカトリックが対立しているのか」「なぜアメリカ移民が、本国の人口より多いの

『アイルランド歴史紀行』
高橋哲雄
筑摩書房

か」「なぜ海草を運んで土を作らねばならないような貧しい土地にしがみついているのか」「なぜ妖精の存在が今も信じられているのか」等々にも手ごたえが得られた。

この本は次のようなテーマをもつ六つの章からなっている。

第一章　アングロ・アイリッシュ。体制のなかの反体制人
第二章　文学の国アイルランド。登場人物は文人たち
第三章　田舎の国アイルランド
第四章　「失敗の専門家」アイルランド人
第五章　いまも宗教が生きている国アイルランド
第六章　円塔とケルト十字架めぐり

それはまさに、時空にまたがる探求の旅である。さまざまな遺跡や人物、事件のゆかりの場所をあれこれ訪れて、往時に思いを馳せるだけでなく、時間を遡り、歴史の中に分け入ってアイルランドをめぐる謎を解決し探し当てるための旅でもある。

そして読み手にとってはこの本が旅の始まりでもある。この本で知り得た多くの人物や事件について、それぞれがまた、時空に分け入って、それぞれのアイルランドを探求し、発見していこうとする意欲を掻き立ててくれる。

高橋氏が先を越されたと嘆いている司馬遼太郎氏の『愛蘭土紀行』とあわせて、アイルランドの旅に出る人の必読書と、勝手に決めている。

（1995・10）

ユートピアのかなたにあるものは

立派なひげを蓄えた、賢者といった風格の老人のポートレートが表紙カバーになったこの本は『ザ・ギバー』。

こうして、いきなり視覚から〈ザ・ギバー〉の存在が飛び込んでくる。いったいどんな内容なんだろう。この頃流行の精神世界ものなのか？　でも作者はあの現代っ子アナスタシアのシリーズを書いたロイス・ローリーだし、帯には一九九三年度ニューベリー賞受賞とうたってあるところをみると児童文学ではあるようだ。

物語の舞台は近未来のあるコミュニティー。そこはあらゆる社会の悪、貧困、苦痛、悩み、争いがすべて取りはらわれた理想社会、ユートピアであり、秩序正しく、整然とした規律ある社会が出来上がっている。不都合な者、規律に従わない者、役目を終えた老人は〈リリース〉される。

家庭も職業も与えられ、感情も抑制される徹底した管理社会でもある。そこでは人々は歴史を持たない。ただ一人の選ばれた者だけが遠い過去からの歴史を記憶し、次の世代の〈記憶を受けつぐ者〉へと伝えていく。

〈十二歳の儀式〉の〈職業任命〉で思いがけなくも〈記憶を受けつぐ者〉に選ばれた少年ジョーナスは、その訓練の過程で、過去の人々が共有していた喜びを知り、苦痛を味わい色を知覚し、音楽を聴き、愛を知る。一方、色彩も音楽もないコミュニティーの生活に疑いを持つようになったジョーナスは〈リリース〉の実態を知った時、ついに自由を求める。

静かな語り口で、なにげない日常生活を描きながら、ユートピアの冷酷な真実がジワジワとあばかれてゆき、次第に恐ろしさが募ってくる。

『**ザ・ギバー**
――記憶を伝える者』
ロイス・ローリー　掛川恭子 訳
講談社

読み終わってしばらくは、身も心も宙に浮いたような気分がする不思議な本である。今まで読んだことのある、あれこれの近未来を描いた小説や映画が脳裏をかすめた。

〈ザ・ギバー〉の存在はブラッドベリーの『華氏四五一度』の本を記憶する人々を思い出させる。また、ジョーナスが〈リリース〉されることになった赤ん坊を奪って逃げるラストは、映画「ブレード・ランナー」のラストシーンをほうふつさせるし、動物のいないコミュニティーではぬいぐるみの象も熊も想像上の動物でしかないところなどは、Ｐ・Ｋ・ディックの〝電気ヒツジ〟を思わせる。

それにしても、この頃、近未来小説のキーワードのひとつは〝子ども〟のようだ。一九九二年刊のＰ・Ｄ・ジェイムズの『人類の子供たち』では、二〇二一年、全世界で子どもが生まれなくなって四半世紀が過ぎたイギリスを舞台に、たった一人の赤ん坊が誕生するまでを描いている。この作品でも老人の〈リリース〉の場面は鬼々迫るものがあった。

やはりイギリスの作家イアン・マキューアンの近未来小説『時間のなかの子供』でも〝子ども〟の存在、〝子ども〟であった〝時間〟への逆行に切り込んでいて興味深い。

現実に絶望した大人たちが未来を子どもに託したいが、安易に託すことができないという、あせりとあきらめがこうした作品を生むのだろうか。

（１９９５・11）

おかべりかの子どもワールド

『よい子への道』を読んですぐ、こんどの原稿はこれでいこう！と依頼も来ないうちに決めていた。ところがいざ書こうとして、はたと困ってしまった。マンガの紹介をどう書いたらよいのか。このおかしさをどう伝えたらよいのか。と頭を抱えていても仕方ない。なんとしてもこの本の魅力を伝えなければ。

『よい子への道』は福音館書店の月刊誌『おおきなポケット』の創刊号（一九九二年四月）からの連載で毎号を心待ちにしていたもの。それが今度、単行本として出版された。

マンガといってもストーリーマンガでもなくギャグマンガでもない。個性的なキャラクターがあるわけでもない。登場するのは普通の子ども一般と普通の大人一般。健康で生き生きとした最も子どもらしい子どもの姿態が描かれる。たとえば、よい子への道その二「学校からのかえり道でしてはいけないこと」の四「こたつに入ってトランプをする」では、交通量の多い道路の歩道にこたつを置き、くつをはいたまま、ランドセルを脇に置き、身を乗り出してトランプに熱中する子どもを描いたり、「遠足でしてはいけないこと」の一「バスをかざりたてていく」では、バスの横に、〃岡部小学校一年二組来たる〃の横断幕。屋根には花バスの飾り。「パジャマにきがえてからしてはいけないこと」の四「友だちのうちへあそびにいく」では、男の子四人がパジャマ姿で手に手にバットやグローブを持って友だちの家の玄関先に立ち、頭にカーラーを巻いた寝ぼけ顔のお母さんとうれしそうな友だちの姿が描かれる。などなど、子どものなんとも愛らしい表情、片や情けない大人の表情

『よい子への道』
おかべ　りか
福音館書店

をお見せできないのが残念！　それにしても〝してはいけないこと〟イコール〝やってみたいこと〟であって、大人の私でさえさわやかな解放感を味わうことができる。

子どもたちよがんばれ！と応援したくなってくる。

さらに「おまけまんがげきじょう」のおまけもあって、何度読んでも頬がゆるんでひとり、にやにやしている。

四十路も半ばと思われる作者おかべりかが、前作よりさらに踏み込んで五歳の園児たちの内面を赤裸々にあばいた傑作が『イロイロあるぞ彼らの事情』である。

入園から始まって、うんどう会やいもほり、クリスマス等々の園行事をこなし、男の子、女の子それぞれの事情をるる語り、彼らの抱える恐怖、不安、こだわりをえぐる。

この二冊を読めば、誰もが子どもワールドの事情通になれること請け合い。なんてことを思わせるだけのパワーのある絵とキャプションではある。

それにしてもおかべりかさんは子ども時代の記憶を克明に覚えている人なのか、子どもとつき合う機会が多く、鋭い観察眼の持ち主なのか、はたまた、ご自身が今もずーっと子どものままなのか。きっとこの三拍子揃った人なのであろう。

〝クレヨンしんちゃん〟だけが園児マンガではないと言いたい。でも〝しんちゃん語〟が飛びかっている今、現実の子どもたちに受け入れられるかどうかはちょっと心配である。

（１９９６・１）

人形物語の系譜

物語を面白くする大切な要因のひとつに、主人公にとって困難を生じさせるさまざまな制約や障害の存在がある。イギリス児童文学のファンタジーの世界では近年になるに従って、オールマイティーな強い魔法ではなく、部分的で、より弱い魔法、すなわちエブリディ・マジックの作品が多くなってきた。

さらに、一九五〇年代の『床下の小人たち』(メアリー・ノートン)では何の魔力も持たない小人たちを主人公にし、〝借り暮らし〟というハンディを負わせている。その約束事の中で見事にファンタジーとして成功している。また、『人形の家』を書いたルーマ・ゴッテンは「人形物語での制約は物語に登場する人形たちが〝人形性〟に閉じ込められていることにある」と語っている。

つまり、人形を人間のように、考えたり、感じたりできるものとして描きながらも、同時に、他方では人形として、動くこともできず、年もとらず、いつも単なる人形にすぎない存在である。しかしその約束事の中で、人はもうひとつの世界を創りあげ、自分の思いどおりのことを人形にやらせることができる。だからこそ人々は人形に真剣な気持ちで接する。こうしたイギリス児童文学の長い伝統の末に生まれるべくして生まれた物語として、『ブロックルハースト・グローブの謎の屋敷』がある。

著者シルヴィア・ウォーはじめて書いたこの作品で、ガーディアン賞を受賞した。「ザ・タイムズ」紙は「児童文学の世界にシルヴィア・ウォーが出現したことは、まるで嵐のあとに虹があらわれたようなものだ。子どもの

『ブロックルハースト・グローブの謎の屋敷』
シルヴィア・ウォー　こだまともこ 訳
講談社

本の作者たちが依然として陰惨な顔で社会問題とやらをほじくりかえしている時、颯爽と登場したこの昔ながらの本にあるユーモアと想像力」を称賛している。

この本は人形物語の系譜に連なるものであり、メニム一家は全員が等身大の布の人形で、血と肉でできた人間ではない。もちろん、人形たちは生きているし、歩くし、話をし、息もしている。そして、考えることも感じることもできる。

一家は郊外住宅街にある大きな屋敷に住み、ちゃんと家賃も払っている。家族構成は、当主マグナス卿であるおじいちゃんを筆頭に、しっかり者のチューリップおばあちゃん、無口なお父さんジョシュア、やさしいお母さんヴィネッタ。人形の制作者であるケイト伯母さんが亡くなってから四十年間、一家は近所の人間に知られることもなく平穏に暮らしてきた。

ところがある日、突然舞い込んだ一通の手紙が重大な危機をもたらした。その後次々と起こる災難に雄々しく立ち向かう一家のメンバーそれぞれの際立ったキャラクターの描写が見事。

現実の人間世界の家族間の葛藤と愛のドラマが人形を主人公とすることで、その〝人形性〟ゆえにより複雑で起伏に富んだ物語性を与えている。

佐竹美保氏の表情豊かなカットはいつもながら感動もの。それこそ〝人形性〟ゆえに個性の描き分けが難しかったであろうに、的確に描かれていて楽しい。

続編が刊行中だとか、翻訳が待ち遠しい。

（１９９６・４）

おてがみはうれしい

手紙を書くことが少なくなった。ほとんどのことは電話で用は足りるし、ラブレターでさえあまり書かれなくなっているようだ。恋人たちは毎日長い長い電話をかけ合って、睡眠不足と財政困難に陥っている始末。まして今や電子メールの時代、手書き文字の手紙なんてそのうちに過去の遺物となり果てるのだろうか。

でも、ほんとは誰でも手紙をもらうのはうれしいはず、書くのは億劫だけど。

私もそのひとりで、友人からのたよりは何よりうれしく、元気回復剤となっている。ある友から毎月初めに届く絵手紙は、ステンシルで季節の草花を描いたもので、一言添えられた近況とともに一時の幸せをもたらしてくれている。

さて、そんな「おてがみっていいな」と思わせる本『おてがみもらったおへんじかいた』が出版された。

クマの子が落としもののバッグを見つけ、交番に届けたちょうどその時、持ち主のウサギのおばあさんが、あたふたとかけこんできました。

ウサギのおばあさんはクマの子になんべんもお礼をいったあと、クマの子の名前と住所を書きとめました。そして、「いずれうちへ帰りましてから、お礼状を書かせていただきます」といって、いそぎ足で駅へむかいました。

それから十日ほどたって、クマの子のもとへ一通の手紙が届きました。ウサギのおばあさんからでした。クリーム色のびんせんに、青色のインクで書いてありました。クマの子は生まれてはじめてもらったおてがみがうれしくって、「ぼくもおてまみ書こうかな」と思いました。おぼえたてのひらが

『おてがみもらった　おへんじかいた』
森山　京・文　広瀬　弦・絵
あかね書房

なとカタカナではがきいっぱいに大きな字ではじめてのおてがみを書きました。

こうして、クルミサワ九ばんちのクマ・タクマくんとモミノキダイ三番地のウサギ・ササさんとの間で手紙のやりとりが始まりました。

クマの子はおとうさん、おかあさん、あかちゃんのことやともだちのタヌキちゃんたちのことを書きました。ウサギ・ササさんはひとり暮らしのようすをしらせ、手作りのジャムを送ってくれたりしました。

モミノキダイが洪水で大変な時は、クマの子のおとうさんがタクマのてがみをポケットに入れて救助にかけつけたこともありました。

クマの子とウサギのおばあさんの友情は家族やともだち、郵便屋さんや近所の人々にまで輪がひろがってゆきました。そして、皆がますますおてがみを楽しみにするようになりました。

「きつねのこシリーズ」など動物ものを書かせたら絶品の森山京さんと、「かほのなんでもやシリーズ」など表情豊かな線で生き生きとしたキャラクターを描くことで定評のある広瀬弦さんの絵というコンビで、安定感のある作品となっている。

手紙が出てくる児童文学は数多くあるが、ちょっと変わっていておもしろいのは『ひみつのポスト』。

イギリスの小さな町の図書館の本に貼ってあるポケットが、手紙のかくし場所。そこでの手紙のやりとりから新しいともだちができる。

（1996・7）

アフガンに馳せる思い

今朝の新聞（一九九六年九月二十八日）によると、アフガニスタンの反政府勢力タリバンが首都カブールを制圧し、「イスラム国家」樹立を宣言。ナジブラ元大統領を処刑。ラバニ政権は北部に撤退した、とのこと。アフガンはどこまで抗争を続ければ気がすむのか、と愕然とした。

一九七九年のソ連の侵攻に始まり、八九年のソ連軍の撤退、九二年のナジブラ大統領の政権の崩壊後ラバニ派の暫定政権の樹立をみるが、その後も民族を背景にした勢力、ゲリラグループの抗争が続いていた。

一九九二年四月アフガン反政府ゲリラの司令官マスードはカブールへの入城を果たした。マスードの存在を知って以来、その日が一日も早く訪れるよう祈っていた私にとっても心躍る日々であった。当時の新聞の切り抜きを見るとマスード司令官の評価は内外とも高く、その行政手腕に大きな期待が寄せられていた。ようやくアフガンに平和が、の希望が読み取れる。それなのに、今、またカブールを明け渡して撤退せねばならなくなったマスードの胸のうちはいかばかりか。果たして無事であろうか。と心配は募る。なんでそこまでと問われても恥じ入るばかりだが、実はここ数年来、私はマスードに恋をしている。

出会いはたまたま見たテレビに、カメラマン長倉洋海が取材したアフガン戦士とマスードのドキュメンタリーが映っていたことに始まる。

渓谷の獅子と呼ばれるマスードは額に刻まれた深い皺（苛酷な自然と乏しい食料、心労と激務で実際の年齢より老けて見える）、鋭い眼光、鷲を思わせる高い鼻梁、苦行僧のように痩せて、しなやかな身体、ストイックな厳しさをみせる顔が、笑顔になると白い歯がさわやかに弾け、含羞んだような面ざしになり、目尻の皺がおだやか。イスラムの理想を体現するマスードは自分に厳しく、民衆にやさしいという。

以来、アフガン・マスード関係の本はスパイ、冒険小説に至るまで読み、新聞、雑誌記事をファイルするという次第。この頃記事が少なく安心していたのに。

フォト・ジャーナリストの長倉洋海は十数年に渡って何度も密着取材を重ねてマスードを撮り続けてきた。その成果が『若き獅子マスード』『マスード愛しの大地アフガン』の二冊の写真集である。

それらは長倉とマスードとの深い信頼関係があってはじめて表現できた世界と言えよう。「一緒にカブール入城を」の約束を果たすため一九九二年四月カブールに飛んだ長倉はきっと今、マスードの安否を気遣ってカブールへ向かっているにちがいない。

彼の誠実な取材態度は、エル・サルバドル、パレスチナ等々、対象が異なっても変わることがない。いつも、戦争や貧困に打ちひしがれた世界の底辺の人々の生活を撮り続けている。しかも一度撮って終わるのではなく、再び、三たび訪れて対象の行く末を見届けている。それだけに彼の作品には説得力があり、対象への温かい眼差しが感じられる。

『マスード愛しの大地アフガン』で第十二回土門拳賞を受賞し、今夏には集大成ともいえる『地を這うように』が出版された。これからも目が離せない存在である。がんばって、長倉さん！

（1996・10）

このごろ、新鮮、楽しい、子どもの美術書

何の予定もない、ぽっかりあいた休日は美術館へ行くのが私のリフレッシュ法。一時代前には県立美術館の設立がブームとなったが、今は、地方の中都市の美術館の新設が目覚ましい。

気鋭の建築家による斬新な建物、用地に余裕があるせいか、ゆったりと贅を尽くしたエクステリア、眺望の素晴らしいレストラン、品揃え豊富なミュージアム・ショップ等々、肝心の展示室が小さく思えるほどの充実ぶり。一日ゆっくり楽しませてもらえる。なによりも首都圏の展覧会のような混雑がないのがありがたい。どんどん美術館ができてうれしい一方で市民にとって本当に親しみやすい場所として活用されているか、公共の教育機関として充分に機能し、市民の心の糧となり得ているのかと思うと喜んでばかりもいられない気もする。せっかくできた立派な美術館が機能してゆくためには、利用者の意識の向上が必須となる。従って、将来の利用者である子どもたちを美術の世界へ誘い、楽しく遊んでもらうことも必要であろう。

ここ数年子ども向けの美術書の内容がとても新鮮になってきている。印刷が美しいのはもちろん、読みものとしても面白く、ゲーム感覚も取り入れて、単なる名画の羅列といった旧来の美術全集とはすっかり様変わりしてきている。

その中で今回特に注目したいのは『小学館あーとぶっく　ひらめき美術館』のシリーズ。第一館のみが既刊で第二館は十一月にオープンの予定とか。ネーミングを始め細部に至るまでこだわりが感じられる。まず、表紙から楽しませてくれる。判型は正方形、明るい赤のギザギザで枠取りされた中に白地にすっきりブルーの大きなタイトル。なんだかはじけるようにリズミカル

『小学館あーとぶっく　ひらめき美術館』
結城昌子
小学館

で、もうすでにウキウキ気分。帯には「モナ・リザから写楽、ウォーホルまで。目からうろこのバーチャル・ミュージアム」の惹句。【館長】結城昌子　【開館時間】0：00～24：00　【入館料】子どもも大人も定価千八百円と来た！

そして館長の運営方針が高らかに宣言されている。いわく、「ひらめき美術館」はみんなでつくる夢の美術館。どこから見ても、いつ見てもいい美術館。みんなが参加して、楽しく遊べる美術館。感じること、味わうこと、想像すること、そして自分で挑戦してみることを大切にする美術館。さあ、わくわくするアートの世界へ入ってみよう。たとえば第六展示室ではピカソが描いた顔、顔、顔が並ぶ。そしてみんなが参加する部屋では「ピカソ気分いっぱいの絵を描いてみよう」ということになり、次のページでは小学生が描いた、泣いている友だち、怒っているお母さんの顔を並べて、「ピカソ気分で展覧会」が開かれている。ミロの展示室では「見てミロ！感じてミロ！ミロの宇宙と交信してミロ！」なーんちゃって、うまいなー。

この館長さん、自らも油絵を描きながらグラフィックデザイナーとして活躍している若くてパワフルな美人と見た。絵が好きでたまらないお姉さんが「ねえ、ねえ、絵ってこんなに面白いんだよ」と子どもたちに呼びかけているような躍動感にあふれる本づくりがされている。

子どもだけでなく大人にとっても新しい発見があり、ほんとにわくわくさせられる。これからの仕事が楽しみな館長さんにエールを送りたい。

（1996・10）

読者が陪審員

【愛国心がもとで停学】ニューハンプシャー州ハリソン。地元の高校に通う第十学年の男子生徒は、朝礼中に「星条旗よ永遠なれ」をうたったことにより停学となった。

愛国心の発露としてうたいたかったというこの少年、フィリップ・マロイ君は、その後、両親とも職についているため、たった一人で家に閉じこもることをよぎなくされた。停学処分をあたえた英語教師のマーガレット・ナーウィン教諭は、この生徒は頭痛の種だという態度を崩していない。（アメリカ連合通信より）

このような通信文がアメリカ全土を駆け巡った。多民族多人種国家アメリカであるがゆえに国旗・国歌への人々の思い入れは特別なものがある。たちまちラジオのトークショーが取り上げ、地方新聞が興味を示し、視聴者からの抗議文が殺到する。田舎町の小さな出来事がとんでもなく大きな波紋となってひろがってしまった。

そもそもの発端は、陸上選手をめざす少年が、そのために陸上部への入部がはばまれる落第点をつけた先生への腹いせにいたずらをしかけたことによる。学校の規則によると、「朝礼での国歌演奏中は、敬意をもって静かに聴くこと」となっていた。しかし、少年は演奏に合わせてハミングし、再三の教師の注意にも従わなかった。教頭の元へ送られた少年は、そこでも忠告に従わず、結果として三日間の停学処分となった。

生意気ざかりの少年にありがちな反発。文学への確固たる信頼から、それに敬意を払わない生徒にいらだちを覚えるベテラン教師。その初めのボタン

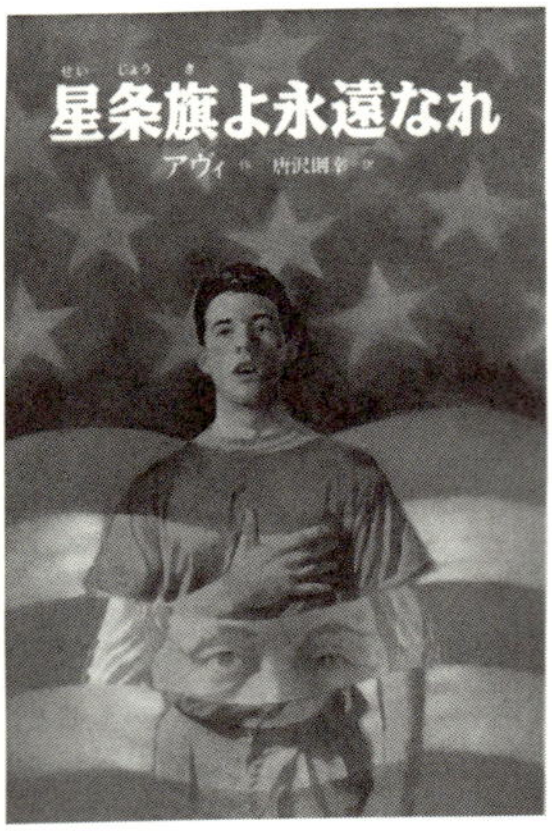

『星条旗よ永遠なれ』
アヴィ　唐沢則幸 訳
くもん出版

の掛け違いが不幸な結果を招いた。

少年は両親にも、マスコミにも決して偽りの報告をしたわけではない。ただ、少年にとって都合のいい事実のみ話している。マスコミもでたらめを言っているわけではなく、ちゃんと学校当局や関係者を取材しながら事実を報道しているにもかかわらず、それは、真実とは、どんどん懸け離れていく。このあたりの展開はスリリングである。

事件の当事者は、常に真実の一面しか見ることができない。しかし、この『星条旗よ永遠なれ』では、読者は陪審員であり、ここに出されたさまざまな証言記録をもとにこの事件を裁かなければならない仕組みになっている。この作品は普通の小説とはちがって特殊な構成がされている。時間の経過にそって、学校の連絡文書、少年の日記、教師の手紙、ホームルームでの会話、家庭での会話、電話での会話、ラジオのトークショーの記録テープ、新聞記事、通信社の通信文、教育委員会への報告書、抗議の電報・手紙、などが並べてあるだけで、判断はすべて読者にゆだねられている。

こういう手法があったのかと驚かされた。それにしてもアメリカの、しかも学校教育の場での〝責任と自由〟〝個人の自由と集団の規律〟について考えさせられる。ナット・ヘントフの『誰だハックにいちゃもんつけるのは』に通じるものがある。キンセラの『シューレス・ジョー』の中に出てくる、サリンジャーを思わせる作家の作品へのいちゃもんなど、アメリカの正義をきどる大衆のいやらしさは、この作品にもみられる。なんといってもおぞましいのは、遠く離れた地に住む見知らぬ人々から送られた抗議文書の数々。

（1997・2）

春一番、鮮烈な少年像

『バッテリー』は、久しぶりに強く印象に残った日本の創作児童文学だった。くっきりとした輪郭の主人公の造形は鮮やかで、まるで春一番が吹き荒れた後の空のようなさわやかな少年小説。タイトルからもわかるように野球小説でもある。

まったく野球を知らない者からみても、野球というスポーツには夢とロマンとドラマがある。そして少年たちは、否、多くの大人の男たちは、野球こそが人生という時間を共有しているにちがいない。

それゆえに、古今、日米に野球映画、野球小説、野球マンガの名作、秀作は枚挙にいとまがない。しかし、なぜか児童文学では記憶に残るような作品がない。そういう意味でもこの作品は注目に値する。

舞台は岡山と広島の県境にある新田市。都会育ちの主人公巧《たくみ》が、父の転勤に伴って、父母の郷里でもある地方都市へ移り住むことになる、小学校卒業から中学入学までの春休みの間の物語。

巧の身長が、この一年間で九センチ伸びたように、心身ともにおおきく成長する時。まして巧は少年野球チームのエースとして抜群の技量と才能をもち、自分をコントロールする意志と自信も備わっている。それだけに自分だけを頼みがちなところがある。そんな巧が新しい環境に身を置くことでひとまわり大きくなる。

巧は、野球ひとすじに生きてきた、母方の祖父、祖父への反発から野球に無関心な父と結婚した母、病気がちで母の保護をひとりじめしている弟ら家族とのかかわりの中で、少しずつ軋みを感じるようになる。巧とは反対に体

『バッテリー』
あさの　あつこ
教育画劇

が弱く、甘やかされてきたはずの弟が病気に耐えてきた強さを持ち、観察が細やかで、洞察力があるのを知り驚く巧。それが、まさに心の成長であり、他者の心の動きが見えるようになってきたことなのだろう。

転居先での新しい友人との出会いも巧を刺激し世界を広げてくれる。マンガ『ドカベン』の主人公を思わせる気はやさしくて力持ちタイプのキャッチャー、豪の存在は頼もしい。巧の速球をがっちり受け止め、まわりのメンバーへの心くばりも忘れない豪に比べ、巧は弟にまで「お兄ちゃん、心のこと考えたほうが野球、強くなるんで、きっと。もっと考えたら」と言われてしまう。

中学生になると野球のことだけ考えているわけにはいかなくなる。母親たちは、将来のため、受験勉強を強いる。それでも野球を続けるためには子どもといえども大人に負けないだけの強い意志がいる。この作品に登場するバッテリーはしっかり大人びている。読んでいて、最初は違和感があったが、次第に納得させられた。小学生とはいえ、ここまで自分を鍛え、高めてきた子は充分に大人の部分を持っているのであろう。それを納得させるだけの内面描写ができている。

親の庇護から抜け出て一人立ちしようとしている子をもつ母の寂しさも、作者が女性であるだけにさりげなく描かれている。

中国地方のおっとりとした方言に癒やされる場面も多い。会話からなるテンポの速い展開、練習場面の無駄のないリズムのある描写も読みやすい。あまり物語を好まない男の子たちにも読んでもらえそう。　（１９９７・３）

心の財産、詩を集めよう

子どものころの国語の時間、詩を書かされるのが苦痛だった。我ながら余りの下手さ加減に気が滅入ってしまった。クラスメートの詩だって似たようなもの。詩とはつまらないものと先入観ができ、以来およそ散文的人間になり果てている。後に、丸谷才一氏が「子どもに詩を書かせるのは愚かなこと。本当によい大人の詩を読ませ、聞かせることが大切」と書いてあったのにいたく共感を覚えた記憶がある。

最近読んだ、井上ひさし氏の『本の運命』にも、子どもを本嫌いにする大きな要因として感想文が槍玉に上がっていた。井上氏も丸谷氏の言葉を引用して、「国語教育は子どもたちを小説家にしようとしている」が、それは間違っている。頭の中にあることを表現するのは大人でも難しい。子どもたちには、まず、読んだ本の要約を書かせる。観察文、記録文の訓練をして正しく伝える方法を学ばせるべき。とあった。そして声に出して読むことが大切とも言っている。全く、同感。ことに詩は声に出して読む、暗記して自分のものにする。そして、いざ、という時、効果的に引用する。これが賢いやり方というもの。ところが、大人になってからは、これがなかなか身につかない。子ども時代に日常的に良い詩に触れることが肝心。幼い子にとって詩の(ことば)は、まずその音とリズムを感じとる身体的快感をもたらすものとして獲得されてゆく。谷川俊太郎の『ことばあそびうた』や、まどみちをの詩などを一緒に読む時、子どもたちは全身で喜びを表してくれる。さて、こうした子どものための詩の本は以前から、さまざまに工夫がなされ、優れたシリーズが刊行されてきた。今回新しく編集されたアンソロジー『あなたに

『あなたにおくる世界の名詩』1〜10
1「恋愛」

川崎　洋・編
岩崎書店

おくる世界の名詩』も、子どもたちが心の財産として大人になっても、大切にしまっておけるような素晴らしい詩の数々が、手に取りやすく、読みやすいように編まれている。

一・恋愛　二・愛・家族　三・四季のうた　四・自然のうた　五・動物たちのうた　六・花と木のうた　七・ユーモアの香り　八・いのちのうた　九・戦争と人間　十・夢

以上のようにテーマ別に、旧約聖書からビートルズ、さらに新しい詩まで、日本はもとより韓国、中国、東南アジア、ロシア、北欧、ヨーロッパ、アフリカ、アメリカ、南アメリカとまさに古今東西の名詩を集めている。いままでのアンソロジーには見られなかった、現存の詩人の作品が多いのが新鮮。各巻ごとに、個性を生かした画家の起用で、ビジュアルな面でも楽しめる。まずはアンソロジーでさまざまな詩人の詩に触れ、親しむうちに自分の気持ちにぴったり来る詩にきっと出会える。そしてさらに、その詩人の詩集をひもとく。そうやってすきな詩をどんどん増やしていってほしい。

短い詩を一編。

万事休す
ぼくは心をこめて
こんにちはといった、
だけど彼女はもっと心をこめて
　さようならといったのさ
　　リチャード・ブローティガン

（1997・6）

最高の夏休み

今年は夏は雨が多く、早くから台風もやって来て不安定な天気が続いた。その上、世の中は暗い事件の連続でスカッとしない夏休みだったなと、肩を落としている君たちに、教えてあげたい。これこそ理想の夏休みというものを。

それは、家族でハワイやオーストラリアにでかけることでも、ディズニーランドで思いっきり遊ぶことでもない。それは、小さな島にある古い納屋で、大人抜きで、子どもたちだけで生活すること。そして島をすみずみまで探検すること。子どもだけでなく、大人だって経験してみたい夢のような夏休みを過ごしたのは「ボックスカーのきょうだい」たち。

第一巻『ボックスカーの家』では、両親を失った四人のきょうだいが、自分たちだけで生きていこうとする。

お兄さんのヘンリーはしっかりした頼りがいのある少年。ジェシーは創意工夫の才に長けためんどうみのよいお姉さん。ヴァイオレットは繊細な芸術家タイプ。末っ子のベニーはまだ五歳、いきいきと愛らしい男の子。

森の中で偶然見つけたボックスカー（貨車）を家にして四人で力を合わせ、知恵を出し合って暮らす。

なにもないところから、細々と生活を作り上げていくたくましさ。小さなことにも喜びを見いだして、みんなで楽しんでしまえる明るさ。いつの時代にも変わらない子どもらしさが素直にうれしい。

孫たちを探していたおじいさんとの出会いがあり、一緒に住むことになる。そして第二巻『びっくり島のひみつ』では、おじいさんの提案で、きょう

『ボックスカーの家』
ガートルード・ウォーナー　中村妙子 訳
朔北社

だいだけで小さな島の納屋で暮らすという、夏休みを過ごすお話。きょうだいの最も得意とするサバイバル生活はほんとに楽しそう。はまぐりをとっておいしいシチューを作ったり、島の探検の成果で博物館を作ったり、インディアンの遺跡を見つけたり、謎の人物との出会いもある。

アメリカ東海岸メインの小島の風景描写はあまりないが、その点は、マックロスキーの絵本『すばらしいとき』や『海べのあさ』をイメージすれば補って余りある。

さて第三巻もまたとっておきのすてきな夏休み。『黄色い家のひみつ』では、きょうだいが過ごした島にある小さな黄色い家にまつわる秘密を説き明かすために冒険の旅にでるお話。こんどの冒険旅行には若いカップルが一緒に行ってくれる。それでもメインの森深く分け行って、カヌーをこいだり、担いだりして進む道は決して楽ではない。大切な食料を湖に落としたり、ベニーが行方不明になって青くなったり、ハプニングの連続。そして、四人の見事なチームワークで秘密はつきとめられる。

どの巻もおそろしくないミステリーじたてで読者の興味をひきつけていく。原作は一九四〇年代で挿絵や表紙の絵に古めかしさを感じるが、アメリカで今も読み継がれているだけあってストーリーはテンポもよく躍動感があっておもしろい。やっぱり子どもの本はこうでなくっちゃ。

宿題も感想文もほっといてこの本読んでごらん。元気がもらえるよ。

中村妙子さんが今、あえてこのシリーズを訳された思いも納得できるような気がする。うれしいことに続編が第一期全十冊刊行される。（１９９７・９）

芸術としての本、装幀の美

活字が好き。物語が好き。本が好き。本という形が好き。というわけで、いま、私の趣味は本を作ること。それもソフトウエアである本の中身ではなく、ハードウエアである本の外側を製本装幀する。こつこつと多くの工程を仕上げていく。細かな仕事に夢中になって時間を忘れる。

ボロボロになるまで読み込んだ文庫本を解体して、一ページずつ繋ぎあわせ、かがって、好みの布で装幀する。知人の同人誌への掲載文をまとめて製本し、思い出の着物生地と革で装幀、金箔押しのタイトルを貼る。まだ、習い始めて三年。使える技術も僅かな身では、自ずとデザインも限られてしまう。それでも一冊一冊作りあげていく過程がなんとも充実感がある。

電子ブックやインターネットの時代、本というハードウエアは今や時代に取り残されようとしている。しかし、それだからこそ、逆に限定一冊の存在は特別なものとなる。

昔、ヨーロッパでは写本の時代から手彩色の見事な祈祷書などが作られてきた。金銀宝石で彩られた聖書もあった。印刷の時代になっても、仮綴じの本を愛書家がそれぞれに革で豪華に装幀させてきた。

昨秋訪れた大英図書館とウィーン国立図書館の膨大なコレクションを目の当たりにし、その歴史の層の厚さに圧倒された。中世以来の手彩色、イルミネイテッド・ブックスへの情熱はウイリアム・ブレイクやウイリアム・モリスの手彩色本にも連なっている。こうした伝統の中から十九世紀末から今世紀初頭のアール・ヌーヴォーとアール・デコの美術潮流の台頭とともに装幀芸術の花が開いた。

『装幀の美』
アラステール・ダンカン
ジョルジュ・ド・バルタ　清眞人ほか訳
同朋舎
【品切】

それはまさに総合芸術といえる。マラルメ、ユイスマン、アポリネールらの詩人の作品にマチス、ピカソ、ブラックらの画家によって挿し絵や装幀デザインが施された。

そうした影響のもとで熟練の職人であり、デザイナーでもある装幀家たちが精巧極まる技で仕上げた絢爛豪華な装幀本の絶頂期でもあった。

文学作品の内容に合わせ、その作品世界の雰囲気を表現し、それ自身、芸術としての香気を放つ力強い美術装幀本の数々を収めた写真集『装幀の美』は何度眺めても眼福をもたらしてくれる。

モロッコ革に色とりどりの革のモザイクでさまざまな模様を描いたもの。金属のパネル、貴石や漆を塗った卵の殻を埋め込んだもの。さらに金銀箔押しなどの技法を駆使したデザインと、それを仕上げた超絶技巧の見事さ。実際、手にとって見ることができたらどんなに素敵だろう。

大変な時間と労力と費用のかかる仕事。これだけの作品はもう作られないかもしれない。実際、成功を治め、人気のあったポール・ボネのような装幀家も、一九三〇年代の世界大恐慌以来不遇をかこったと言われている。

現在、こうした豪華装幀本の市場価値は相当高額になっているらしい。とても本物には手が出ない私には、売り立てのカタログ（これがまた美しい写真集になっている）を眺めるのが精一杯。そして私のルリユール修業も芸術には程遠いが、せめて技術の習得をめざして気長に、かすむ目をだまし、だまし、続けることにしよう。

（１９９７・９）

ジャン・マークの新作
からしのきいた隠し味

ジャン・マーク、イギリスの児童文学作家。一九四三年生まれ。一九七六年に処女作でカーネギー賞を受賞して以来、数十冊の作品をあらわしている。十二作目の『夏・みじかくて長い旅』で二度目のカーネギー賞を受賞という実力・評価とも定まった作家でありながら、日本での知名度はいまひとつの感がある。図書館が舞台となっていて、懐かしいブックポケットが女の子たちの手紙交換のポストになる『ひみつのポスト』を読んですっかりファンになった私には、なかなか翻訳されないのがじれったい思いだった。五年ぶりに訳されたのが絵本の『おしゃべりなニンジン』と短編集『こわいものなんて何もない』の二冊。

期待に違わず、ますます冴える捻り技、辛口のユーモアがきいている。『おしゃべりなニンジン』では、およそタイプではないニンジンが悪役をつとめる。おしゃべりで、見えっ張りで、とんでもない悪態をついて、おとなしいうさぎを怒らせたばかりに、それからというもの、ニンジンは、うさぎと出会ったら無事ではいられなくなったというお話。トニー・ロスの絵もユーモラスで笑える。『こわいものなんて何もない』に登場するのは、ジャン・マークの作品世界に共通する、ごく普通の等身大の子どもたち……。

おやつもほしがらず一日中テーブルの下にかくれているロビン。おまじないでイボを消すアリス姉妹。二人の先生の間で振り回されるブレンダ。読めもしないラテン語の古本を買って悦に入るアントニー。ぺぱかぽちゃと友だちのバートン。おばあちゃんにでたらめな「三びきのこぶた」を話すウィリアム。百科事典を信仰するピーター。お父さんの軍服を着てゲリラごっこを

『こわいものなんて何もない』
ジャン・マーク　三辺律子 訳
パロル舎

するゴードン。柱に名前をつけるリビー。とまあ、あんまり普通ではないようだけど。じゃあ普通の子ってどんな子？　普通の親、普通の家庭、どれも平均値としての普通に実態はない。

どの子も自分が置かれた場所、与えられた環境の中で果敢に戦いつつ、足場を固め、一歩一歩自分という個性を育てていく。

魔法やタイムトラベルの華麗なファンタジー世界がひろがることもない地味な日常生活のひとこまを切り取って、味のあるドラマに仕立ててある。それにはピリッとからしのきいた会話など、辛口のユーモアでひとひねりの隠し味が生きている。子どもだけでなく大人たちのキャラクターもそれぞれ際立っていて、短編ならではのきれとコクがある。

短編集『ヒッピー・ハッピー・ハット』では、十七歳になる前に子どもを持った少女がとんでもなくはでな帽子をかぶって一日だけ子どもに戻る。病気の母親の代わりに家政婦になった少女がちょっとしたウップンばらしをする。「夏・みじかくて……」のオートバイのメカニック志望の少女に「ルールというものは、とどのつまりはやぶられるために作られる。そしていままでずっと、ルールのおおかたをただちにやぶるべく努力してきたのだった」と言わせている。ジャン・マークの主人公たちは意地悪だったり、厚かましかったり、嘘をついたりする、まさに等身大の子どもたち。平凡で退屈な現実を生き延びる知恵と元気を与えてくれるジャン・マークの作品がもっと訳され、読まれることを願っている。

（1997・12）

手に汗にぎる、エレファント・チェイス

いやー面白かった。久しぶりにハラハラドキドキする物語に、時を忘れ感動の涙まで流してしまった。もっとも年とともに涙せんが緩んで人様より涙の基準が甘いこともあるが。それを差し引いてもこの『象と二人の大脱走』は充分に価値ある作品。

舞台はアメリカ。時代は大陸横断鉄道が敷かれ、西へ西へと人々が向かった開拓時代。インド象と二人の少年少女の破天荒な大冒険の物語。アメリカ大陸を西へと向かう二人を執拗に追う強欲な大人たちとのカーチェイスならぬエレファント・チェイスがくりひろげられる。原題は「ザ・グレイト・エレファント・チェイス」。

伯母さんに養われている孤児のタッドはひょんなことからインド象クシュの世話をすることになる。クシュを使って、詐欺師まがいの稼ぎをしていた男の娘シッシーは列車事故で父親と姉を失い、クシュだけが残される。ひとりぼっちになったシッシーは大好きなあこがれの人ケティーの住むネブラスカまで、なんとしてもクシュを連れて行こうと決心する。最初はバカにしていたタッドの力を借りて象と二人の旅が始まる。ところがシッシーの父親からの領収書をふりかざして、クシュの所有権を主張するジャクソン氏と伯母さんの下宿屋のメイドだったエスターが二人をどこまでも追って来る。ただでさえ困難な旅が、人目を避けるためにますます危険で辛いものになる。

ペンシルヴァニア州マークルからネブラスカ州オールリバーまで、オハイオ川を下り、ミシシッピ川をさかのぼり、セントルイスからはミズーリ川をさかのぼって、そして最後には追っ手を振り切るために走って約束の地ケ

『象と二人の大脱走』
ジリアン・クロス　中村妙子 訳
評論社

ティーのもとへと象と二人は必死で突き進む。

自分は生まれながらに厄介者で役立たずと思い込んでいたタッドが、長い旅の間次々と迫る試練を乗り越えることで次第に自信を持ち、成長していく。シッシーもタッドに対する高飛車な態度がいつか仲間意識に変わり、深い信頼関係となっていく。細くて小さな女の子のシッシーが、大変な勇気と行動力でタッドとクシュを引っ張る。そしてクシュがいる。クシュを連れての旅ゆえに困難ではあっても、クシュがいてくれるから、二人には心強いよりどころとなった。頭の良い、繊細な動物、象の存在感は圧倒的。

二人が旅の間に出会った人々、妻と息子をコレラで失ったドイツ系移民の老人、シェーカーのような宗教的コロニーの人たち、新聞広告の花嫁募集に応じて西部へ行く途中の女性、開拓農民の家族。こうした脇役のていねいな描写から時代の雰囲気が色濃く写しだされる。また、章ごとに挿入されるシッシーのケティーにあてた手紙によって、シッシーの内面の変化がわかり、物語に奥行きが出ている。巻末で二人がそれぞれ、自分のせいで親が姉が死んでしまったと悲しみのあまりに自分を責め、互いにそうではないと慰め、許し合う場面は胸にせまるものがある。

ジリアン・クロスはイギリスの女性作家。『桜草をのせた汽車』をはじめ『オオカミのようにやさしく』『幽霊があらわれた』『木の上のお城』と翻訳された数は少ないが、どれも読みごたえのある力作。歴史的背景のあるものやＩＲＡにかかわるものなどと多彩な作品でカーネギー賞をはじめいくつかの賞を受賞している。

（１９９８・２）

本に願いを
――子どもと本への大人たちの熱い思い――

一九九〇年の春、はじめての海外旅行はアメリカの図書館見学ツアーだった。観光はなし、十日間で十三館を訪ねるというハードなスケジュールではあったが見るもの、見るもの（言葉はわからない）刺激に富んだ収穫の多い旅だった。なかでも印象に残っているのが図書館のディスプレー、印刷物、ポスターなどのセンスの良さと豊かさ。大きな図書館あるいは図書館ネットワークには専任のグラフィック部門があり、アメリカ図書館協会ではポスターが製作販売されているとのことだった。小さな町の図書館にウイリアム・ハートが子どもの本を手にとっているポスターが貼ってあり、モダンな建築のロサンジェルス郊外の図書館にはポール・ニューマンが、という状況で映画好きの私には垂涎ものだった。アメリカにはスターや作家の起用だけでなく優れたイラストレーターによる芸術性の高いポスターの歴史があり、その一端がこのほど出版された『本に願いを』に見られる。

図書館員から始まった子どもへの読書推進運動が市民、教師、編集者、書店等を巻き込んだ年に一度の児童図書週間として、国をあげてのキャンペーンとなり、第一回が一九一九年十一月十日から十五日まで開催された。呼び物のポスターは当時の売れっ子イラストレーターであったジェシー・ウィルコックス・スミスに依頼された。「家庭にもっと本を！」という標語を掲げ、「グッドハウスキーピング」誌の表紙画家スミスの起用で母親への啓蒙を促した。数年にわたるスミスの起用の後は毎年違った画家と標語が公式ポスターのために選ばれることとなった。

回を重ねるごとに運動は盛んになり、児童書の出版社も増えて一九四四年

『本に願いを』
レナード・Ｓ・マーカス　遠藤育枝 訳
ＢＬ出版

チルドレンズ・ブック・カウンシル（識字率を上げ、読書を奨励し、子どもの本の楽しさを知らせることを目的とした、児童書出版業者による非営利団体）が設立され、児童読書週間の運営に当たることになる。

この時代はアメリカの児童書ことに絵本出版の黄金時代にあたり、ニューベリー賞（一九二二）、コールデコット賞（一九三七）が創設され、今も読み継がれている傑作の数々が出版された。そして、公式ポスターの画家として選ばれるのはコールデコット賞受賞者が続くことになる。

七五年にわたる六十九点のポスターの一枚一枚に、子どもに本を、良質の文学を、心からの喜びを手渡したいという熱い思いが読み取れる。それはまた見事な芸術作品として眼福を与えてくれる。さらに二十世紀アメリカのイラストレーションの歴史をたどることもできる。二〇年代の「冒険、歴史、旅」を描いたＮ・Ｃ・ワイエス。三〇年代の「新しい本で新世界へ」を描いたモダニズムの旗手ジョセフ・ビンダー。四〇年代は「明日の世界は本が開く」をヨーロッパからの移民芸術家ドーレア夫妻が描いた。五〇年代にはリンド・ワード、ガース・ウイリアムズ、ロジャンコフスキー。六〇年代はセンダック、ムナーリ、キーツ、アンゲラー。七〇年代はローベル夫妻、シュルヴィッツ。八〇年代はオールズバーグ、トミー・デ・パオラ。と、まさにキラ星のごとく、アメリカを代表するイラストレーターが並ぶ。全く贅沢な本である。子どもと本を結ぶ仕事に携わる身には、折にふれ眺めて元気を貰える本でもある。

（１９９８・４）

猫話二題

昔は猫ぎらいだったのに、娘が拾った猫がわが家に居着いてからは、からきし骨抜きになってしまった。娘が嫁いだ後は猫との会話だけが、ひとり居の孤独を癒してくれる。というほどのこともないけれど、猫の存在は確かに心をなごませてくれる。

そこで今回は猫のおはなし二冊。『夜にくちぶえふいたなら』と『ねこが見た話』。どちらも、たかどのほうこ作。

『夜にくちぶえふいたなら』の表紙には、唐草模様の大きなふろしき包みを背負ったしまねこが赤い舌を出してアッカンベをしている。そして見返しがまたあざやかなオレンジに白の唐草模様とくれば、そう、どろぼうねこのはなし。

あしたは遠足。ふくらんだリュックサックをまくらもとにならべてふとんにはいったものの、ミツオとノンコはなかなかねむれない。ミツオがふざけてピープーとくちぶえなんかふくものだから、おおきな唐草模様のふろしき包みを背負ったねこが、家出ねこのネコマサと称して闖入してきた。ネコマサは、はしっはしっと結び目をほどくとつつみの中からおだんごを出して夜食にしたり、子どもたちにたずねられるまま、家出の顛末を語ったりして一夜の宿を借りる。さてあくる朝、ねこは消えており、リュックもからっぽ。

たあいない話ではあるが、きりっとしたたかなのらねこの心意気のようなものが伝わってくる。はしっはしっとほどく、シカシカっと耳のうしろをかく、などの表現が妙にリアルで笑える。太い線でぐいぐい描いた元気な絵が楽しい。

『ねこが見た話』のねこものらねこ。「オイラはのらねこ。ずいぶんまえ

『夜にくちぶえふいたなら』
たかどの　ほうこ
旺文社

から、ここらにすみついている。うろうろしながらくらしていると、いろんなものを見るぜ。たのしいもの、きみわるいもの、ぎょっとするもの……。さてこれから話す話は……」ではじまる、のらねこののぞき見ばなし。

ぎょっとするのは「キノコと三人家族のまき」。原っぱの小さな一軒家にこしてきた家族が、床下にはえるキノコを食べ続けるうちにキノコそっくりでキノコとおなじ大きさになってしまう。そして広くなった部屋で運動会をやったりすると、昼間人間に戻っても前とは比べものにならないほど元気はつらつ。ぎょっとするけどなんかいいよね。

「もちつもたれつの館のまき」はまさに、もちつもたれつ、世の中平穏無事、ふにゃあ～の話。

「おかあさんのいすのまき」はノーテンキなおかあさんを超能力者にしてくれる古いいすの話。

「天国か地獄か？のまき」ではオイラとイシばあさんが天国と地獄のはざままで行って帰ってくるが、これがまたとんでもない勘違いというオチ。

オイラはのらねこゆえに第三話まではあくまでも傍観者の立場を貫いて、最後の章ではじめて話の中に登場し、飼いねことなって終わる。どの話にもオイラがちょっかいを出したほうが面白いのに、と最初は思ったが後になってみるとこれで納得がいった。

挿絵によるとオイラはみけでおひげのりっぱな堂々としたねこ。ちなみに、今もワープロに向かう私の横でまるくなっているわが家のねこはしまねこ。

（１９９８・７）

もしかしてゴースト・ストーリー

人は死んだらどうなるんだろう。魂は不滅で転生はありうるのか。こうした人間の根源の問いに、さまざまな宗教、文学、哲学などが答えを用意してきた。お盆の今、まさに迎え火、送り火を焚いて死者を招くならわしもしかり。

そして児童文学でも、というのも唐突ではあるが、『カラフル』は、一度死んだ魂が再度人間の体を借りて下界に戻る話。そういえば、大島弓子のマンガで『秋日子かく語りき』という秀作もあった。天使の計らいで、中年のおばさんの魂が女子高生の体を借りて下界に戻る話。

このプロットは余程魅力があるらしく、映画でもいくつか思い当たる。若い女性の涙をしぼった「ゴースト」や、おとなの男たちに支持された「ベルリン天使の詩」などもそのヴァージョンといえる。

さて『カラフル』の魂くんは、ゆるゆると暗いところを漂っているところをいきなり天使に呼び止められる。天使がいうには、「あなたは大きなあやまちを犯して死んだ、罪な魂です。通常ならここで失格、もう二度と生まれ変わることができない。しかし、うちのボスがときどき抽選であたった魂にだけ再挑戦のチャンスを与えているのです。あなたはみごとその抽選にあたったラッキー・ソウルです！」

ラッキー・ソウルと言われたって、状況がのみこめないままに魂くんは、ガイド役の天使プラプラの案内で下界へ。再挑戦の修行すなわち魂のホームステイ先はプラプラのボスが指定する。修行が順調に進むと、魂は前世の記憶をとりもどし、おかしたあやまちの大きさを自覚したその瞬間にホームス

『カラフル』
森　絵都
理論社

テイは終了。魂は借りていた人間の体を離れて昇天し、ぶじ輪廻のサイクルに復帰するという段取りらしい。

かくして、魂くんのステイ先は小林真、自殺をはかって十分前に死を宣告されたばかりの中学三年生。なにしろ前世の記憶がないままに小林真として蘇生したのだからわけがわからない。真が自殺をはかった理由はなんだったのか、家族や友人との関係はどうなってるのか、真の性格だって皆目わからない。プラプラがときどきやってきてポツポツとステイ先の情報をもらしてはくれるけれど。成績は悪いし、友だちもなさそう。兄貴はいじわるで、母親は不倫している。好きな女の子は援助交際。いろいろ事情がわかってくるにつれ、魂くんはほとほとウンザリ。修行なんてどうでもよくなってくる。

それでも、記憶を失うことで、いわば無心にかえった真に、周りの者も心をひらくようになる。母親も父親もクラスメイトもそれぞれが自分の傷をさらすことで真を癒していく。

それにしてもこのプロットだと、結末をどうするのかと最後までハラハラさせられた。よくできたミステリーのように、謎を残したままストーリーをひっぱっていて見事。したがって、ここではくわしく紹介できないのがもどかしい。

十四歳が抱える重い現実のすべてを扱いながら、サラっと、軽く、ユーモラスな筆致で描いている。生きのいい会話にこの年代の子どもたちの生活が息づいている。

（1998・9）

まるごとどんぐり、まるごと葉っぱ

秋たけなわ。木の葉は色づき、どんぐりがころころ。どんぐりってふしぎ。どんぐりを拾うと、子どもだけじゃなくて、大人もなんだかうれしくなっちゃう。なんといっても名前がいい。そのむかし、〝どんぐり〟と命名した人は偉い！　でも、どんぐりという木はなくて、ブナ科の木の実を総称してどんぐりと呼んでいる。なぜどんぐりと呼ばれるようになったかは、さまざまな説があるが謎のままとか。

どんぐりといえば、秋も深まった頃の山小屋での夜、風が吹くたびにザザー、ザザーと、どんぐりが落ちる音を聞いたことが忘れられない。そして、もうひとつ、夫とのいさかいで、ザルいっぱいのどんぐりを思いっきりぶちまけた時の爽快さ。これはいまだに我家の語り草になっている。

図書館でも秋になると、どんぐりや木の葉を飾ったり、どんぐりごまを作って子どもたちと遊んだりする。そんな時はどんぐりの本も何冊か集めて展示する。『どんぐり観察事典』、『どんぐり』（こうやすすむ）、『どんぐりだんご』（小宮山洋夫）、『どんぐりノート』（いわさゆうこ・大滝玲子）などに加えるべく、きわめつきの一冊が出た。それが『まるごとどんぐり』。

前作『どんぐりノート』を数段上まわる、洗練された本づくりがされていて、楽しさ、読みやすさが倍加している。

まず、見返しから気合が入っている。濃い緑の地に白抜きで手書きの「どんぐり村だより」が刷られている。発行はどんぐり村くぬぎ下のどんぐり村役場広報係。トップは「どんぐり村にきてみませんか・ウッドキャンペーン」のニュース。どんぐり村がいちばん美しい季節、秋の一日に、どんぐり村に

『まるごとどんぐり』
大滝玲子＆どんぐりクラブ
草土文化

関心のある方だれでも、村のどこででも、思うぞんぶん遊んでもらおう！という企画。「どんぐり村しょうたいじょう」からはじまる本文は全部キャンペーンの記録というわけ。どんぐり村のなかまが紹介され、「どんぐりでつくる」のコーナーではどんぐりカレンダー、どんぐりのケーキ、どんぐり天使などすてきな作品がどんどんできていく。「どんぐりでそめる」コーナーでは毛糸を染めておりものにしあげる。「どんぐりであそぶ」コーナーはどんぐりすごろくに、どんぐりコロコロ。「どんぐりをたべる」コーナーではどんぐりクッキーをどんぐりコーヒーで召しあがれ。とまあ、盛りだくさん。まさに、まるごとどんどんぐり。その様子は巻末見返しの「どんぐり村だより」で緊急レポートされている。

どんぐりでつくられた人形たちが野球や運動会をしている写真は圧巻であり、進行役を務めるどんぐりたちのイラストがユーモラス。大人と子どもが一緒に楽しめる遊び心いっぱいの本。

まるごと葉っぱの本、『木の葉の美術館』も大人と子どもが一緒に楽しめる。美しく紅葉した葉っぱ、面白い形の葉っぱ、枯れた葉っぱ、虫に食われた葉っぱ、イタリアの葉っぱ、日本の葉っぱ、一枚一枚の葉っぱを著者はそっくりそのまま、克明に写しとってゆく。それは、小さな木の葉に託された、たくさんのメッセージを読みとってゆく作業でもある。

板きれに、十数層に地塗りをした上にテンペラで描かれた木の葉たちが見事。

（1998・11）

生きとし生きるものはみな

子どもの本を長い年月読んでいると、どんな生き物にも一種の親しみを感じてしまう。ねずみが主人公の話は「ミス・ビアンカ」のシリーズなど数限りなくあって、すっかりおなじみというわけで、実際にわが家にねずみが、出没して、ばったり目があった時には、思わず「かわいい！」と叫んで餌づけしてしまった。

普通は、嫌われもののゴキブリでさえ、『ゴキブリ四〇〇〇〇〇〇〇〇年』を読んでからは、尊敬の念すら抱くようになって、むげにスリッパでひっぱたくなんてことはできなくなった。ましてヘビなんぞ、「へびいちのすけ」(『のはらうた』)や『ぺろぺろん』で友だちになっているからぜんぜん平気。かくのごとく、偏見をなくすには、読書がいちばん。

そんな思いで作られた絵本『ヘビのヴェルディくん』は、久々のヒット作。むんむんあついジャングルで生まれたニシキヘビのヴェルディは、つややかな黄色いからだ、とりわけ、背中のギザギザもようが気にいっている。母さんヘビは「みどりいろに、りっぱにそだつんですよ。木のはっぱそっくりのみどりいろにね」と、言うけれどなんでそんなに急いで緑色にならなきゃいけないの。木の枝で、でろり、でろり、としているおとなたちときたら、なまけものでつまんないうえに、なんだかもう、がさつ。ぼくは絶対にそうはならないぞ。それでもからだがだんだん緑色になってきた。「なんてこったい！」。ヴェルディは必死に抵抗する。枯葉でこすり洗いしたり、泥をかぶったり、飛びはねたり。痛い思いも。でもやっぱり緑色に。でもやっぱりヴェルディはヴェルディ。

『ヘビのヴェルディくん』
ジャネル・キャノン作　今江祥智，遠藤育枝 訳
ＢＬ出版

テキストは単純な成長物語だが、絵が最高にすばらしい。主たる登場人物（ヘビ）だけに焦点を合わせ、背景はぼかすという手法で、読み手はストレートに主人公と一体化できる。透明感のある絵の具で繊細に描かれた細部は高度なテクニックが感じられる。なによりもユーモラスではつらつとしたキャラクターを物語る絵で大いに楽しめる。ますます、ヘビくんたちに親しみを感じてしまう。

作者はアメリカの公共図書館で、子どもたちのための読書活動に長年携わり、夏休みのプログラムの企画などで高い評価を受けているという。

前作『ともだち、なんだもん！——コウモリのステラルーナの話』は、コウモリの子が鳥のかあさんに育てられて、互いの習性の違いをこえて鳥の子どもたちと友情を育む話。

一貫して、子どもたちに誤った先入観をもってほしくないという思いが表れている。

（１９９９・２）

〈やさしさという独裁〉を逃れて

「この一年この一冊」で選んだ本が『殺す』だなんて、いいのかしら。この日本語題のあまりな直裁さに、違和感を持って、原題を見ると『RUNNING WILD』。うーん、感覚的にはわかるが、何と訳すべきか。「バングボーン・ヴィレッジ大量殺人事件」という行為の結果の解明ではなく、「殺す」という、進行形の行為そのものが重要な意味を持つととらえての邦題なのか。

事件は一九八八年六月二十五日朝、閑静な高級住宅地バングボーン・ヴィレッジで起こった。三十二人の大人が殺され、十三人の子どもが誘拐された。警察の捜査も行きづまった二ケ月後、精神分析医のグレヴィルが招聘される。本書はドクター・グレヴィルの法医学日誌の形式で書かれている。

バングボーン・ヴィレッジとは、一九八〇年代に土地開発業者によって建設されたロンドン近郊、交通至便の高級住宅地であり、住人たちは俗塵に犯されない状態に保つために、地元の住人たちとの接触を完全に断っていた。子どもたちは、金のかかる排他的な学校や、住宅地の中にある設備の整ったスポーツジムで交流するだけだった。敷地全体は、電気警報機のついたスチールメッシュのフェンスで囲われ、訓練された警備犬と無線を持ったガードマンがパトロールし、敷地内の小道やドライブウェイはテレビカメラで監視されていた。まさにアリの入る隙間もない。さらに、使用人たちの証言によると、被害者たちはそれぞれ進歩的で愛情あふれる親であり、自分たちの社会生活を犠牲にして、子どもたちに時間をさいていたという。

そして、あの朝、八歳から十七歳までの健康で、恵まれた環境に育った十三人の子どもたちの姿が消え、その両親とたまたまその朝ヴィレッジにいた

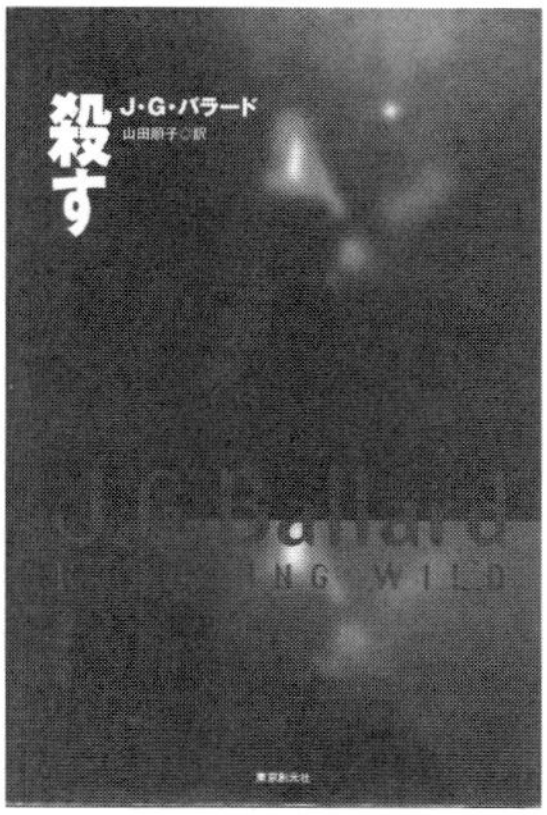

『殺す』
Ｊ・Ｇ・バラード　山田順子 訳
東京創元社

使用人の、すべての大人三十二人がそれぞれ異なる手段で殺された。

精神病質者の単独犯行説から国際テロリスト説などさまざまな仮説が出された。しかし、犯行現場を詳細に観察していくグレヴィルとペイン部長刑事には、そして、読者にも犯人像が見えて来る。でも、なぜ？　性的虐待やむちゃな体罰の証拠は露ほどもないのに。ペインの疑問にグレヴィルはこう答える。「子ども達は憎悪や残酷なしうちに反抗したのではない。その反対なんだよ。子ども達が反抗したのは、〈やさしさという独裁〉に対してなんだ。子ども達は愛情と保護の暴虐から自由になるために、殺人をおかしたんだ。」

一九八八年にイギリスで出版された本書は、十年後に日本で訳された。今、この作品は警鐘を鳴らしている。帯に、「現代社会の病に真正面から挑んだ、鬼才作家の予言の書」とあるように。十年前に書かれた時点で、まさに今を予言していたといえる。無機的な新興住宅地で起きた神戸の事件。キレる中学生たち。「多幸の時代」を生き延びねばならない子どもたちのあえぎが高まり、すさみが広がっていく。

バラードの自伝的長編『太陽の帝国』の主人公の少年は第二次大戦中、異国上海で両親とはぐれ、日本軍の収容所生活をしたたかに生き延びる。

そこは苛酷な極限状況にありながら、少年には輝かしい自由の日々でもあった。バラードは彼我の時代の差にどのような思いを馳せていたのだろう。

（１９９９・３）

想像力を養うための練習

ここに二十一点の絵がある。名づけて〝From Slave Ship to Freedom Road〟

青い波間に漂う黒い死体。奴隷船のまわりには死者を弔うようにカモメが舞う。次のページには、柩のように暗い、柩のように狭い船底の何層にも重なった棚に並べられた人たち。首と足を互いに鎖でつながれたまま、生きて、生きながら、生きたままで、並べられている。新大陸に連れて来られ、拘束されたまま奴隷市に立たされる人々。自分の運命に戸惑い、打ちひしがれながらも、漆黒の肉体に漲る力と魂の奥に潜む誇りと怒り。白人のために洗濯や子守をするマミー。白人のために畑を耕すサラ・ジェーン。一面の綿花畑の向こうに迫り来る嵐。「人間を超える大きな力」に畏怖を抱き畑のなかに立ち尽くす人々。破れた帽子をかぶり、どこか遠くをみつめる老人の顔。白い花が咲く、緑濃い庭を前にはりから吊され、黒い膚を切り裂く無数のムチの跡。したたる血が白いシャツを染めていく。

さらに、次のページには吊し殺された人の影が家の壁に落ち、悲嘆にくれる両親の姿。やがて、彼らは彼らに似た神に祈り、彼らの物語を語り継ぐ。ビジネスのためには、家族も引き裂かれる。「自由への道」を記した地図などありはしなかったが、人々は北をめざした。橋のない川も渡らねばならなかった。深い雪のなかを寒さに凍える人々に、一片のパンを差し出す白人もいた。奴隷制度に終止符を打つために始まった戦いがその目的をとげるには、その制度によって最も苦しんだ者が戦い、死ななくてはならなかった。そして、ある日突然、野良にいる奴隷たちに「自由」が言い渡される。

『あなたがもし奴隷だったら…』
ジュリアス・レスター文
ロッド・ブラウン絵　片岡しのぶ 訳
あすなろ書房

最終ページには「ミシシッピーの秋よさようなら」と燃えるような紅葉を背に、「自由」をもとめて、意気揚々と歩き出す人々。

そして、表紙には、今、まさに鎖を断ち切ろうと見構え、鋭い視線を後方に放つ奴隷が描かれる。

『あなたがもし奴隷だったら…』は、画家ロッド・ブラウンによる、これらの迫力ある二十一点の絵で構成されている。著者ジュリアス・レスターはまえがきでこう語っている。「どうかこれらの絵をただ見るのではなく、魂の総力を結集して凝視してほしい。絵の中に入り込み、「この人がもしも自分だったら」と想像してほしい。ロッド・ブラウンと私は、今なおその傷の癒えていない過去を受け入れるため、全力をつくした。読者もできればそれをしてくださるよう、切にお願いする。」作者として言わずもがなの念押しまでする気持ちは充分に伝わって来る。

想像力をやしなうための練習。その一は、「こんなことが自分に起こったら？」と想像してみる。その二は、ここに描かれた奴隷たちの肩と腕に漲る力、大地にしっかりと置かれた足を見て彼らの思いを感じること。その三は、ムチ打たれる者ではなく、ムチ打つ側に立ってみること。「悪」には人間の判断力をまひさせる働きがある。困難ではあるが、自分がどれだけひどいことのできる人間か、考えてみなくてはならない。

安易な同情ではなく、想像力こそが人間が人間を理解するよすがとなる。想像力だけが時間と空間を超えて心と心を結ぶ橋となる。

絵とことばの持つ力に圧倒され、何度も見入った一冊だった。（1999・4）

「はがぬけたらどうするの？」

「はがぬけたらどうするの？」。えーっと、どうだったっけ。そういえば、子どものころ「下の歯は屋根にほうりあげ、上の歯は雨だれの下に埋めなさい」と言われたことを思い出した。ところが、自分の子どもには何と言ったのか、さっぱり記憶がない。もし、何も言っていなかったら孫娘の歯が抜けたとき、困ったことになる。あわてて電話して聞いてみると、ちゃんと伝わっていて、やれやれ。

と、あわてさせられた、この本『はがぬけたらどうするの？』は、世界中の子どもたちに聞いてみた、抜けた歯の話。

アメリカ人である著者は「抜けた歯は枕の下に置いて、歯の妖精が来るのを待つ」もの、と思っていた。ところが、外国からきた友人に「歯の妖精って、なあに？」と聞かれ、違う言い伝えや習慣があることに、はじめて気づく。そこで、世界中の子どもたちは、歯が抜けたとき、どうしているのだろうと知りたくてたまらなくなる。

かくして、あらゆる人々に、あらゆる手段で、聞きまくることになる。「はがぬけたらどうするの？」と。グアテマラでは、「ぬけた はを まくらの したに いれる。それから エル・ラトンと いう ネズミが やってきて おかねを おいていってくれるのを じっと まっているんだ。」

コスタリカでは、「おかあさんが ぬけた はに きんめっきを して、わたしだけの イヤリングを つくってくれるの。」

オマーンでは、「『つよーい つよーい おひさま。ぼくの はを もってって あそんでくれ。あとで かえすの わすれるな』っていいながら、ちからいっぱ

い　おひさまに　はを　なげるんだ。」

タジキスタンでは、「ぬけた　はは　ぜんぶ　はたけに　うえておくんだよ。そうすると　はは　ぐんぐん　おおきくなって　いさましい　せんしに　なるんだって。」

いくつか紹介しただけでも、ずいぶん異なった言い伝えや習慣があるものとびっくりする。

それでも地域によって似通っていたり、妖精やネズミ、屋根など共通する要素も多い。世界中どこでも、歯はみんなおんなじ。子どもの健やかな成長を願う気持ちもおんなじ。子どもたちの、すきっ歯の笑顔が目に浮かぶ。

でも、高層マンション住まいの子どもたちが増えた現代、日本の屋根にあげるという習慣はどうなっているのだろう。

さて、もうひとり、ケイテイの場合は……。『もうすぐぬけそうぐらぐらのは』は、イギリスの女の子ケイテイの歯が抜けたときのお話。

友だちはみんな歯抜けになって、妖精のことを得意げに話しているのに、まだ、一本も抜けていなくてイライラしていた、ケイテイの歯が、やっとぐらぐらしてきた。もう、気になって、気になって、指でくらくら、舌でくらくら。やっと抜けたと思ったら、プリンと一緒に飲みこんじゃった。もう歯の妖精は来てくれない。胸がはりさけそう。でもロウ先生がいいこと教えてくれた。万事うまくいって、最後のページにはケイテイのかっこいい「はぬけのすきま」。

そう、この「はぬけのすきま」も世界中みんな、おんなじ。（1999・7）

絵本の絵の力

　このごろ「絵本」が注目を浴びているようです。『葉っぱのフレディ』に代表される癒し系の絵本が、疲れた大人たちに読まれ、話題になったりしてます。でも、なんか、違うな、という思いがします。こんなに簡単に癒されちゃっていいの。みんなが癒されるからわたしも、ではつまらないでしょ。直裁なメッセージはあっても楽しさがないから、大人はそこに深い人生を読み取ったとしても、子どもの心には届かないような気がします。なによりも「絵」に力がないから、「絵」を読み、「絵」の細部を遊ぶ子どもをひきつけることができないのではないでしょうか。

　それでは「絵」の力って、なんなのと言われても答えに困ってしまいます。ならば、最近の絵本から、私が「絵」に力があると確信できる作品『そらまめくんのベッド』を紹介することで答えとさせてください。

　「そらまめくんのベッド」だなんて、なんて見事な着想でしょう。初夏の八百屋さんに並ぶつややかでふっくらとしたさや。そして、そのさやの中はふわふわのまっしろなわたに包まれたかわいらしいそらまめ。なかやみわさんはそこからこんなすてきな絵本をつくってくれました。「そらまめくん」、へたのところがちょうどきちんと分け目のついた髪のようでまじめそうな感じ、たからもののすてきなベッドでお目覚めです。小さな池のそばにベッドはあります。草の葉のテーブルの上にはどんぐりのカップが置いてあり、別の葉には穂で編んだタオルが掛けてあります。周りには猫じゃらし、かたばみ、かやつりぐさ、おおばこが生えています。

　そらまめくんには目鼻はもちろん、手足もついて擬人化されていますが、

『そらまめくんのベッド』
なかや　みわ
福音館書店

背景の草花はきちんと描かれていて特定できるのです。

ごきんじょのえだまめくんやグリンピースのきょうだい、さやえんどうさん、ピーナッツくんたちもそらまめくんのふわふわベッドでねむってみたいのですが、そらまめくんはだれにもつかわせようとはしません。ところが、あるひ、ベッドがなくなってしまいました。かわいそうなそらまめくんにみんながそれぞれに、じぶんのベッドを貸してくれようとしましたがどれも、小さかったり、細かったり、薄かったり、堅かったりでだめでした。

いろいろ試してみている場面は表情豊かで楽しめます。

さて、探していたベッドは、なんと、うずらがたまごをあたためるのにちゃっかり借りていました。しかたがなく、そらまめくんはススキの葉を結んでおうちをつくって、ベッドをみはっていました。そして、とうとう、ひよこがかえってベッドは戻ってきました。みんなはベッドがみつかったお祝いのパーティーを開き、そのあと、そらまめくんはみんなをふわふわベッドに招待しました。

夕焼けの光の中、ひるがおの花のラッパ、つぼみのマイク、どんぐりのたいこ、はるじおんのタンバリンで輪になって踊る場面のすばらしさ。空気の暖かみと花のかおりが感じられるようです。

そう、こんな絵本こそが力のある「絵」によってなりたっていると言えるのではないでしょうか。大人だってこういう絵本を子どもと一緒に楽しむほうがずっと心なごむことでしょう。『そらまめくんとめだかのこ』もあり、さらに、続編が待たれます。

（１９９９・11）

今を生きる子どもたち

写真集『子供たちの時間』の中には、百五人の小学校六年生が登場する。ほとんどの子がすっくと足をふんばり、まっすぐな視線をカメラに向けている。そして自分について一生懸命に語っている。

著者の橋口さんは扉にこう記す。「私たちはこれまで、彼らの声に耳を澄ませたことがあるだろうか」

この写真集のページを繰るごとに彼らのまっすぐなまなざしに向かい合わざるを得ず、我知らず真剣に耳を傾けることになる。

最初のページの佐々木くんは水が張られ、田植えを待つばかりの田んぼをバックにエプロンをつけ、長靴をはいて畦道に立っている。口元をきゅっと結んだきまじめな顔で。田植えは一年生の頃から手伝っていること。学校では配りもののプロであり、好きな女の子がいて将来は大工さんになりたい、と語ってくれる。礼文島の佐々木くんは学校の教室で。机が大小二つ、生徒が二人だけの学校で佐々木くんが卒業すると廃校になるという。日当たりのよい縁側で愛犬と日なたぼっこの高井さんはしもぶくれのほっぺがやさしげな女の子。アレルギーがあって、みんなと同じ給食が食べられなくて不登校になり、今生塾という所に通っている。遠くに低い山並みが見える田んぼ脇の舗装道路に野球のユニフォーム姿で立つ奈良県桜井市の中村くんは朝食が菓子パン五個。好きな音楽はいいひん。宿題はしいひんと言いきっている。

百五人の子どもたちのなかにはダウン症の子、施設に暮らす子、在日外国人の子、と現在の日本に生きるさまざまな子どもたちがいる。

橋口譲二さんはすでに「一七歳」「ファーザー」「カップル」「職」「夢」の

『子供たちの時間』
橋口譲二
小学館

五作で「日本と日本人を知るための仕事」をしてきている。そして、新たに日本と日本人を知り、何かを発見できるのではないかと今度は小学六年生を訪ね歩く旅にでた。橋口さんは車を移動させながら、気になる風景や情景に出会うと車を止め、「このへんに小学六年生はいませんか」「君は何年生ですか」と声をかけていく。そして、運よく六年生に出会えると、今度は限られた時間のなかでまず、自分が何者であるか、何を目的としているのかを語り、説得していったという。前の五作同様に共通の質問と各人の今の思いをつづるインタビューに、彼らの日常を背景にしたポートレート写真を組み合わせていく手法が取られている。質問事項は＊今一緒に暮らしている人＊今朝の朝食＊好きな音楽＊最近読んだ本＊最近買ったもの＊一ケ月のおこづかい＊今いちばんの楽しみ＊今まで行ったいちばん遠い所＊行ってみたい所＊リラックスする場所／ホッとする時＊どんな大人になっていきたいか。これらの質問事項は前五作に共通のものでもある。

スタートから終了まで三年九か月を要し、その間の苦労もなみなみならぬものがあったようである。「少子化」で子どもの姿が見えない。子どもたちが管理されていて自由に使える時間がない。見知らぬ人に声をかけられても立ち止まってはいけないという通達等の現実が立ちはだかる。

そうした状況のなかだからこそ、十一歳・十二歳という自我が芽生え、秘密をいくつか持ち、イライラする気持ちをそれぞれの方法で乗り越えていく子どもたちの今を見事に切り取って見せてくれる。

（２０００・１）

ロケットボーイズに喝采を

古くは「理由なき反抗」から「アメリカン・グラフティ」「スタンド・バイ・ミー」に至る、男の子たちの物語に秀作が多いアメリカ映画に、また新たに、さわやかな新作が加わったそうな。この原稿を書いている時点では未公開（わが町では）の映画「遠い空の向こうに」がそれ。乞う、ご期待！と待っているうちに先に原作が刊行された。早速、「読んでから見る」を実践すべく手に取った。これがまた、実に、実にすてきにハート・ウオーミングな作品。若々しい躍動感、自伝とは信じがたいドラマティックな展開。発行から時を置かずして映画化されたのも頷ける。どこをとっても絵になるではないか。と、ひとりで喜んでいても始まらない。

『ロケットボーイズ』はのちにNASAのエンジニアになった著者ホーマー・ヒッカム・ジュニアの自伝。ロケットづくりに熱中した濃密な高校の三年間が鮮明に再現されている。

一九五七年秋、ソ連の人工衛星スプートニクがアメリカの片田舎コールウッドの夜空を横切った。スプートニックショックと名づけられ、アメリカの社会、文化の大きな変化の一因となった、この出来事は小さな炭鉱町の少年の未来をも変えることになった。

スプートニクが目の前を通り過ぎて行ったとき、平凡な落ちこぼれ高校生は突然、このままではいやだと思った。ロケットをつくろう。そして、いつかフォン・ブラウン博士のもとで働こう。

ホーマーことサニーは幼なじみの仲間たちとはじめてのロケットを打ち上げる。プラスチックの模型飛行機の胴体に癇癪玉の火薬をつめて。秒読み、

『ロケットボーイズ』
ホーマー・ヒッカム・ジュニア　武者圭子 訳
草思社

「発射」、爆音とともに明るい火花をちらしながら飛んで行ったのはロケットならぬ垣根の一部。このくらいでめげてはいられない。

炭鉱の監督である父の反対やアメフトのスター選手の兄や町の人々の嘲笑をあびながらロケットづくりに没頭する。天才だけど変わり者のクラスメートを仲間に入れ、若い化学の先生の応援を得て、何度も打ちあげ実験を重ねる。いつしか彼らはロケットボーイズと呼ばれ、人気者になっていく。ロケットのためには苦手な数学もなんとか克服しなくては。ライリー先生はロケットの参考書を渡しながらこう語った。「わたしはあなたにその本をあげるだけ。なかに書いてあることを学ぶ勇気は、あなたがもたなければならないのよ」

炭鉱の人々も溶接を教えてくれたり、ロケットのノズルなど部品づくりを手伝ってくれ、保安官、新聞記者、町をあげての応援となり、ついに科学フェアで全国優勝を勝ち取る。それもとんでもないハプニングを乗り越えて。

ひとりの少年が夢を持ち、持ち続けて実現していくすばらしい話である一方で、その背景の時代が見事に描かれていて興味深い。買い物に出た街で遊説中のケネディ大統領候補に出会う主人公が象徴的。炭鉱が斜陽になっていく時代、子どもたちの未来を見据え、深い洞察力で適切な助言を与える母親の姿勢も印象に残る。価値観の異なる父親に自分を認めてもらおうと心をくだく少年とすれちがってしまう父親もまた時代を映す。

主人公と仲間の少年たちをはじめ、家族、周りの大人たちすべての人物描写が適確で、しかもユーモアと温かみがあって楽しいよみものとなっている。

（2000・4）

もの言う動物たちの物語

またまた、映画の話で恐縮です。いきつけの美容院のお兄さんと映画の話になって、「僕このごろ、大作アクションものはいやになっちゃった。今度観るなら、『スチュアート・リトル』ですね」と言われて、「それって聴いたことあるわ。児童文学であったような気がする」などとやりとりした翌日のこと。新刊書の納入があり、その中に『スチュアートの大ぼうけん』があるではありませんか。

表紙の絵に見覚えが、そう昔読んだ『ちびっこスチュアート』（ガース・ウイリアムズ絵　鈴木哲子訳）だったのです。なんでいまごろ映画になったのかしら。原作が書かれたのが一九四五年、日本で翻訳出版されたのでさえほぼ三十年前、最近では絶版になっていたのに。でも、映画化にあわせて新しく翻訳しなおされて装いも新たに出版されることで、大好きなE・Bホワイトの作品が子どもたちの手に渡ることになればうれしいこと。

ところでいったいどんな映画になったのかな。情報を求めて館内の映画雑誌をひもといてみますと、「キネ旬」最新号には記載なし。「ロードショウ」八月号の記事によれば、「シックス・センス」のM・ナイト・シャマランの脚色、「ライオンキング」の監督ロブ・ミンコフが監督し、コンピュータによるデジタル・キャラクター化がスチュアートに命を吹き込んだ。スチュアートの緻密な表情や仕草の数々は、ソニー・ピクチャーズ・イメージワークス社のデジタル技術の結晶。スチュアートが実際のネコやリトル一家の人々と同じ空間を共有する、三次元的なキャラが見どころとのこと。

五十年後にこのようなリアルな映像で映画化されることを知ったらホワイ

トはどう思ったかしら。想像力を駆使して描かれた、もの言う動物たちの物語を読者もまた想像力を精一杯働かせて理解し、たのしむ、そうしたゆっくりと浸透してくるよろこびのようなものは失われてしまうような気がします。

ストーリーも換骨奪胎甚だしく、原作ではじつにさりげなくスチュアートはリトル夫妻の二番目の息子として生まれた。と書かれているのに、映画では養護施設に行って貰った養子となっていて、本当の家族を求める夢と冒険のファンタジーとなっています。原作でのスチュアートは小さくとも勇敢で冒険心に富み、危険をものともせず、果敢に挑戦します。やがて理想の小鳥マーガロに出会い、命を助けたり、助けられたりして互いにかけがえのない存在になります。しかしネコに命をねらわれたマーガロはある日姿を消してしまいます。マーガロを探す旅にでるスチュアートは、家族に充分愛されたからこそ困難な旅に出る勇気を持つことができたはずです。旅の途中で出会う人々と真正面から向き合い、かかわることで一歩一歩成長していくスチュアート。恋らしきものも経験し、臨時の先生になって子どもたちを虜にしたり。そしてまた北をめざして進む、しあわせの小鳥マーガロを求めて。

結末が大団円で終わらないのが、児童文学としては珍しいですね。

ホワイトの代表作『シャーロットのおくりもの』も、最後にシャーロットは死んでしまいます。しかしそれは擬人化された物語でも生物の生態が正しく描かれているからであって、シャーロットの五百十四匹の子どもたちの誕生の場面は感動的です。これも新しい訳で出版されるとか。楽しみです。

（２０００・７）

子どもにとって死はタブーか

今、子どもたちの生活のなかで、「死」を身近にみることはきわめてまれなこととなっている。病院で息を引き取り、町の斎場でのマニュアルどおりの通夜、葬式が通例となって、大人たちでさえ丁寧に死を看取るという経験は少なくなってきている。死は隔離され、管理されるようになった。まして子どもたちにはタブー視され、遠ざけられる傾向にある。

それでも子どもの本にも、死を描いた作品が少ないながら書き継がれてきている。動物の死に託して『ぼくの犬キング』『わすれられないおくりもの』。兄弟や祖父母の死が描かれる『ビルギット』『さよならおじいちゃん…ぼくはそっといった』。母親の死をクールに描いた『ママが死んだ』など心にのこっている何冊かを挙げることができる。

そして今、新たな一冊を加えることができる。

『さよならエルマおばあさん』は、子どもの本の世界に一石を投ずるものと言えよう。

全編白黒の美しい写真と簡潔な文章で構成されたシンプルな本。語り手は八歳の雑種のオス猫スターキティ。「ある夏の終わり、エルマおばあさんは、お医者さんから、病気でもう長くは生きられない、と言われました。でも、おばあさんが亡くなるまで、ぼくたちは幸せいっぱいにくらしました。これは、おばあさんといっしょにすごした最後の一年間のお話です。」

八十五歳のエルマおばあさんは家族七人の生活をささえ、ずっと働いてきたたくましさを持つ一方、外出時にはお化粧をし、肌の手入れもかかさないエレガントな人。ガンの告知を受けてからも、これまでどおりの生活をと願

『さよならエルマおばあさん』
大塚　敦子 写真・文
小学館

い、家族とともに自分の家で最後の日を迎える。

親友同士のように仲良しの娘のパットは、おばあさんの気持ちをよく理解し、「どんなに別れがつらくても、家族が悲しそうな顔をして、おばあさんを引きとめちゃいけないのよ。わたしたちのことは心配ないから安心して別の世界に旅立って、って言おうね」と静かに見守る。

カメラはリアルに死に至るまでの身体の変化を写し出す。それは「十三人目の孫」と呼ばれるほどに強い信頼関係を築き、家族とともに介護に携わった著者にしてはじめて撮影できた画像といえよう。

著者はあとがきで語っている。家族がこのように明るい、さわやかなともいえる締めくくりをむかえることができたのは、おばあさんの家族への深い愛情からであり、誰にも後悔という痛みを、負わせたくなかったからだと。家族はその思いやりを、おばあさんからの「最後の贈りもの」と感謝しているという。

この本を読みながら、私は八年前の母の最期が思い出されてならなかった。「母の日を病みて子に詫ぶこと多し」の句を詠んだ翌月一日に逝った母。告知こそなかったが死を覚悟してからは、遠くの友人には手紙で、近くの人には来宅してもらって別れを告げ、見舞うたびに私に身辺整理をさせ、少しばかりの蓄えもすべて孫たちに名義変更を指示し、尊厳死の登録を済ませ、ギリギリまで自宅でがんばり、入院して二日で亡くなった。若くして未亡人になり、四人の子どもを育て上げ、孫の面倒までみてくれた母の見事な最期だった。

（2000・9）

夢見る力、想像力の勝利

『丘の家、夢の家族』を読んで久しぶりにさわやかな読後感に浸ることができた。この本は私たち、子どもと子どもの本に長く携わってきた者にとって、折しも「子ども読書年」に贈られたご褒美のようなもの。

なぜなら、この本の主人公九歳の女の子は大の読書家。『かいじゅうたちのいるところ』から『シャーロットのおくりもの』「ナルニア国ものがたり」『ツバメ号とアマゾン号』などをどんどん読破している。

世の司書は読書好きな主人公というだけで、その本が好きになるもの。さらに親切な児童図書館員が出てくるなんてそうあるもんじゃない。

ダールの『マチルダはちいさな大天才』以来のゴーカさ。そのうえ、児童文学作家が重要な役をつとめるなんて、たいへんな贈り物といえよう。

九歳の少女シーオは十六歳でシーオを産んだ未熟な母親リーとの二人ぐらし。住まいを転々とし、時にはものごいのために、つたないダンスまでしなければならない辛い生活。その中で、唯一のなぐさめは物語の中で出会う家族の温かさに包まれる夢をみることだった。やがて、リーがボーイフレンドと一緒に暮らすために、シーオはリーの姉シャロンに預けられることになる。シャロンの家に向かうフェリーで、絶体絶命のシーオは理想的な家族に出会う。そしてシーオは必死に願う。「どうかわたしをこの家族の一員にして」

不思議なことに願いはかない、目覚めたシーオはカルダー家の家族として迎えられていた。仲良しの四人兄弟とやさしいパパとママ、大きな家、犬と猫もシーオを仲間として受け入れてくれ、夢に描いたとおりの生活が始まった。

これは夢か魔法か、シーオはとまどいながらもすばらしい日々を楽しむ。

『丘の家、夢の家族』
キット・ピアソン　本多英明 訳
徳間書店

しかし、それは長くは続かず次第に遠のいていく。

そう、いつかは現実に戻らねばならない。恐れていたシャロンとの生活は退屈だが安定していた。でも、どうしてもあの家族との日々が夢だったとは思えない。シーオは記憶をたどって、見覚えのある家をみつけ、現実のカルダー家との出会いを果たす。が、誰もシーオのことを憶えていず、謎はとけない。

そこで、幽霊の登場となる。この幽霊が児童文学作家のセシリー・ストーン。昔、カルダー家の家に住んでいた少女。セシリーとシーオの孤独な魂が呼び合う。セシリーとの出会いはシーオを強く成長させ、セシリーのこの世への思いはシーオをとおして伝えられる。

悲しく辛い境遇の少女がやさしい家族に迎えられ、めでたしめでたしのパターンを二転三転させ、謎を深めていく展開にハラハラさせられる。ここでは幽霊も万能ではなく、魔法も使えない。セシリーはこう言ってあげることしかできない。「人生が本当につらくなったときに、あなたがやれることが、ふたつあるのよ、シーオ。ひとつは、まわりの人をつき離して物語の登場人物みたいに考えること。そうしたら、その人たちは、あなたをふりまわす力がなくなるわ。もうひとつは、現実よりいい世界を頭のなかに作り上げて、そのなかに逃げこんでしまうこと」

夢をみる力、想像力の勝利を高らかに歌いあげている。

訳者はこの主人公を同じカナダが生んだ「赤毛のアン」の再来とたたえる。カナダの公共図書館には「セシリー・ストーンの本」を借りにくる子どもがあとを絶たなかった、という話も泣かせる。


（２００１・３）

「自分の木」の下で語ることができるなら

「自分の木」を持つ。なんてすてきなことかしら。ある小学校の三年生は、学校にある小さな森の木をそれぞれが一本ずつ「自分の木」に決めて卒業までを共にするんですって。

また、友人は仕事場に近い大きな神社の杜の中に生えている一本の桂の若木を「これ、私の木にするの」と言って、通りがかるたびに挨拶を欠かさない。高い山や深い森に行かなくても身近な所で「自分の木」を見つけることはできるかもしれない。

もっとも、大江さんが『「自分の木」の下で』の中で語っているのとはニュアンスが違ってくるけれど。

大江さんの育った谷間の人には、それぞれ「自分の木」と決められている樹木が森の高みにあり、人の魂は、その「自分の木」の根方から谷間に降りて来て人間としての身体に入る。死ぬときには、魂はその木のところに戻ってゆく。そして、森の中に入って、たまたま「自分の木」の下に立っていると、年をとってしまった自分に会うことがあるという。大江さんの祖母が子どものころの大江さんに語った話である。

子どもの大江さんが年をとった自分にたずねたかった「どうして生きてきたのですか」の質問に今、年をとった大江さんが「自分の木」の下で若い人たちに向けて答えるために長い話を語り始めた。それがこの一冊となった。

「なぜ子供は学校に行かねばならないのか」「どんな人になりたかったか?」などの素朴な疑問にもやさしく、深く、自身の思い出に根ざした答えを示してくれる。

『「自分の木」の下で』
大江健三郎, 大江ゆかり
朝日新聞社

「私の勉強のやり方」では「ある本とジャストミートするためには、それを読むことを急ぎすぎてはなりません。しかも、いつも自分の知らない本に目を光らせていて、これは良い本らしいと思ったら、まず、その実物を本屋なり図書館なりで、見ておくことです。余分なお金があったら、買っておくのがいちばんいい。そしてずっと忘れないでいて、ある日、その本に向かってバッター・ボックスに入って行くのです」と語る。

また、ジャストミートであってもなかなか、読み進められない本を読むために木の上に作った家の話も涙ぐましいばかり。

二十一世紀の子どもたちへの願いとして、大江さんは切々と訴える。「うわさへの抵抗力」をつけてほしい。「取り返しのつかないことは（子供には）ない」という原則を尊重してほしい。それでもどうしても苦しく辛く、取り返しのつかないことをしそうになったときは、どうか「ある時間、待ってみてください」「ある時間、待ってみる力をつけてください」と。

これらの言葉は必ずや、子どもたちの心に届くであろうし、届けねばならない。

夫人、ゆかりさんの挿絵がすばらしい。繊細でありながら、力強い線、透明感のある色彩、心のこもった丁寧な筆致がすがすがしい。『快復する家族』『ゆるやかな絆』につづく、ゆかり夫人との合作であることがうれしい。

（２００１・８）

子どもの眼は忘れない

十数年前のこと、たまたま見たテレビ番組がレオナルド・ダ・ヴィンチの生涯を詳細に描いた作品で、幼少のころからレオナルドは、自然の万物、あらゆる現象をとことん見つめて飽きなかったという、エピソードが強く印象に残っている。絵をかく基本は見ること、見つづけることにありと妙に納得させられもした。

こんなことを思い出したのには理由がある。

フランスの人気イラストレーター、ルイ・ベッソンによって書かれた『ぼくはあの戦争を忘れない』を読み、やはりイラストレーターによる子どもの眼をとおして描かれた戦争の本が何冊か浮かんだ。マイケル・フォアマンの『ウォーボーイ』、おなじイギリスのレイモンド・ブリッグズも『Ethel & Ernest』のなかで少年時代の学童疎開を描いている。そして、帯に「君も見ていたのか！」とあるように、日本のイラストレーター（舞台美術家）妹尾河童の『少年H』がある。

ルイ・ベッソンが一九三二年、ブリッグスが一九三四年、フォアマンは一九三八年の生まれ。それぞれがイラストレーターとして功なり、名を遂げた後、自らの子ども時代に見たり聞いたりしたことをできるかぎり忠実に思い出して、絵と文章で描いている。もっとも河童さんは絵をかいていないが。

個人的には絵でも表現してほしかった。

言葉を用いて、作家たちはすでに早い時期から子ども時代の戦争体験を描いてきている。そして画家たちも。すでにして少年時代から画家の眼をもっていた彼らは、片やイギリスの北海岸での戦時下の生活と当時の戦意高揚ポ

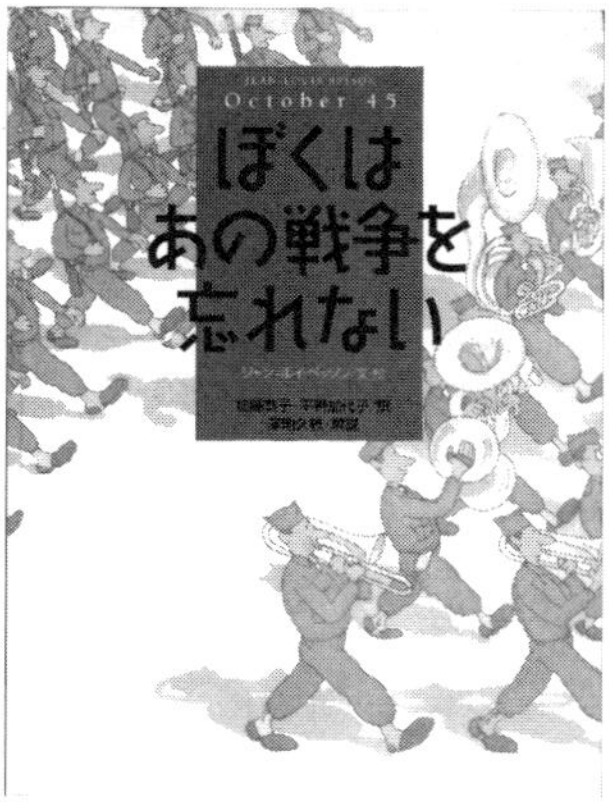

『ぼくはあの戦争を忘れない』
ジャン＝ルイ・ベッソン文・絵
加藤恭子，平野加代子 訳
講談社

スターが物語る時代精神を見事な観察で記憶にとどめた。

フランスではドイツ軍によるパリ占領下のくらしが開戦当時七歳の子どもの眼で率直に語られる。ルイ・ベッソンはその著書のはしがきで書いているように、「私のように、カトリックの家に生まれたということは、ユダヤ人や共産主義者の家庭とは違って、占領軍当局を恐れる必要がないということでした。そういう私たちにとっていちばんたいせつなのは、秩序や習慣を尊重することでした。」

ほとんどの人々がレジスタンスの味方をするわけでもなく、占領軍に協力するわけでもなく、戦争が終わるのをひたすら待ちわびた日々。少年ジャンの眼はその日々の映像を記憶に焼き付ける。

爆撃を避けて避難した地下鉄のホーム、パリの解放、アメリカ軍の行進など男の子の胸をときめかせる場面は鮮やかによみがえっている。

一方、教室から去った友だち、ユダヤ人迫害を是認する聖職者、偽造の食料配給切符を作り、その切符で子どもに買い物に行かせる両親、黄色い星を胸につけたピアノの先生、レジスタンスをかくまっているらしい女の人、大人たちの不思議な行動をみつめていた子どもの眼は、すべてを忘れない。

若い女の人が足にクルミ色の塗料を塗りその上から鉛筆でみせかけの線をひいていたのも。

画家ならではの細かな目配り、感情を交えない、客観的な描写がかえって、戦争の愚かしさを訴えかける。やはり同世代のフランス映画監督ルイ・マルの「さよなら子供たち」の少年たちも眼に浮かぶ。

（２００２・１）

『魔法使いの少年』
ジャック・センダック作
ミッチェル・ミラー絵　長田弘 訳
みすず書房

詩人が選んだ珠玉の絵本たち

あら、センダックの新しい本が出たんだわ、と『魔法使いの少年』を手にとって読んでいくとなんとも不思議なお話。嵐を静めたり、美しい夕日の中で二本の木に張られたロープの上を歩く少女の姿を見て、自分は魔法使いだと気づいた少年が、みんなに魔法が使えるところを見せてやろうとするたびに失敗し、ほんとうの魔法を求めて旅を続ける。彩られた村、ボール紙でできている村、ひげのある男しか住めない村をめぐり、巨人や王様に出会う。しかし、それらのどこでも、少年は魔法をかけることができない。追い詰められた少年のまえに少女があらわれた。その少女は二本の木のあいだに張ったロープの上を歩いている夢をみていたと言う。少年はついに魔法をかけることができるか。

セピア色の柔らかい線だけで描かれた絵は、ユダヤ人のかっこうをした少年の頭でっかちの姿がセンダックの絵そのもの。ところが、よくよくみると著者はモーリスのお兄さんのジャック・センダック、絵はミッチェル・ミラーとある。えっ！　どうなってるの？

もっともセンダック兄弟の父親は毎夜子どもたちをわくわくさせる語り手だったという。ワルシャワのユダヤ人町出身というから、シンガーとも共通する物語の伝統がこの兄弟にも息づいている。

一九六八年発行のこの作品を見つけ、「詩人が贈る絵本２」の一冊として私たちに贈ってくれたのは詩人の長田弘さん。大人が子どもたちに贈るだけでなく、大切な人すべてに贈りたくなる絵本。

（２００２・５）

ペナック先生のグッド・アイデア！

うーん、お見事！　こういう方法があったのね。グッド・アイデアにしてやられました。さすがにペナック先生。

外国語をマスターする最良の方法はペンフレンドと恋に落ちること。それも悲恋であるほど効果的というわけ。

この本、『カモ少年と謎のペンフレンド』の語り手「ぼく」と「カモ」はパリの中学生。英語の苦手なカモはかあさんとの賭けに負けて、三か月で英語をマスターしなければならない。かあさんからペンフレンドのリストを渡された、やる気のないカモはコンパスを投げ、たまたまつきささったところにあったキャサリン・アーンショーを選んだ。返事がこないよう、悪口三昧書いた手紙になんと、返事がきてしまった。それもざらざらの厚い紙に色あせたむらさきのインク、ご丁寧にほんものの封蝋つき。

それからというもの、カモと訳を頼まれたぼくの生活は一変した。

ヒンドリーというひどい兄がいて、一緒に育ったみなしごのHが恋人というキャサリン。地下鉄も電話も知らないキャサリン。カモはえらい勢いで英語を勉強し、ぼくに訳してくれと言わなくなった。なにか変だぞ。まわりを見るとカモとおなじように「とりつかれた」ようすのやつがいる。そいつらもペンフレンドがいるらしい。それも二百年もまえのイタリア人でテッラルバ子爵の甥とか、ロシア人の女の子ネーノチカ・ネズナーノワという。やっぱり、おかしい。ペンフレンド紹介所の「バベル社」が怪しいとにらんだぼくは真相究明に乗り出す。

ペンフレンドの相手を文学作品の主人公にするという卓抜なアイデア。こ

『カモ少年と謎のペンフレンド』
ダニエル・ペナック　中井珠子 訳
白水社

れなら外国語習得と読書への動機づけという一挙両得。本嫌いのための新読書術『奔放な読書』という傑作エッセイを書いた高校教師でもあるダニエル・ペナック先生の面目躍如。

私も決めた。定年後はペンフレンド紹介所を開こう。でも困ったことに、カモのかあさんみたいに十か国語どころか一か国語もおぼつかない私はどうしましょう。

（２００２・７）

『ナイトシミー
――元気になる魔法』
グエン・ストラウス　文
アンソニー・ブラウン絵　灰島かり 訳
平凡社

ひみつの友だちはいますか？

星がきらめく夜空に都会のビル群のスカイラインがくっきりと浮かぶ、そして、その上を飛ぶのはパジャマに黒マント、黒いとんがり帽子、黒めがねの男の子。この表紙の絵本は『ナイトシミー――元気になる魔法』。

ナイトシミーとは主人公の少年エリックのひみつの友だち。「だんまりおばけ」とよばれるエリックのかわりになんでもしゃべってくれるし、おもしろい本を教えてくれる。ふたりだけしか知らない「シミー語」も話せる。それに、すごいスパイでもあるんだ。

でもマーシャと遊んだときはナイトシミーの出番はなかった。だって、マーシャはエリックが口をきかなくても気にしないし、「だんまりおばけ」なんてよばないから。そのばんもこわい夢をみなかったから、ナイトシミーは出てこなかった。そしたら次の朝、ナイトシミーがいなくなっていた。

子どもが心の中のおそれや不安を乗り超えるために想像の友だちをつくって語りかける行為は、カニグズバーグの『ぼくと〈ジョージ〉』など物語にもよく取り上げられてきた。この作品では画像として子どもの内面、心の動きを描写するという難題にイギリスの画家ブラウンが挑戦している。

優れた絵本作家である彼が、珍しく絵だけを担当しているが、さまざまな工夫としかけがほどこされており、何度も読み返したくなる。

エリックが外界に心を開いていくにつれて黒地から白地に、無彩色から鮮やかな色彩にと変化してゆく色づかい。エリックが読む本が『まよなかのだいどころ』で、センダックへのオマージュがさりげなくあったりする。

（2002・10）

耳に残り心に響く歌のかずかず

「ずっくぼんじょ　ずくぼんじょ　ずっきん　かぶって　でてこらさい」ニョキ、ニョキニョキとつくしが伸びるふりをつけて歌うと、小さな子どもたちは体をいっぱいに使ってよろこびを表現してくれる。

就園前の子どもたちのおはなし会では毎回、わらべうた、てあそびうた、童謡をいくつかプログラムに入れている。子どもたちはお歌が大好き。恥ずかしがってその場ではかたまっている子も、お家に帰るとちゃんと覚えていて歌いまくると、お母さんが報告してくれたりする。

幼いころから心地よいリズムにのった豊かな美しい言葉を身体的な快感として、身につけていってほしいという願いもある。

自分が子どものころにおぼえた歌は今もくっきりと記憶にあり、一番だけでなく、二番、三番もすらすらと言葉が出てくる。意味もわからず歌っていたのが大人になって、「なんだ、そうだったのか」と気づくことも多かった。ほとんどの歌は、文字で歌詞を読む前に誰に教わるでもなく歌っていたから勘違いも多い。『謎とき名作童謡の誕生』には、こんな傑作が紹介されている。「故郷」のなかで〈兎追いし〉は〈兎おいしい〉、〈かの山〉は〈蚊の山〉、「荒城の月」の〈めぐる盃〉を〈眠る盃〉と聞いた向田邦子さんの例もある。

子どもたちの替え歌もすごい。〈ぽっ、ぽっ、ぽ、鳩ぽっぽ、まめがほしいか、やらねえぞ、世の中そんなに、甘くない〉。著者は「教育関係者は眉をひそめるようだが、作詞、作曲の束くめ、滝廉太郎は子どもたちのパロディー精神を理解して、決して悪くは言わないだろう」と書いている。

この本では明治時代の文部省唱歌から大正時代の赤い鳥の童心主義によっ

『謎とき名作童謡の誕生』
上田信道
平凡社

て作られた童謡まで、歌い継がれてきた名作童謡「かなりや」「赤とんぼ」「月の砂漠」などをとりあげ、歌詞の意味をさぐり、誕生のエピソード、作者の人生模様、時代背景までさまざまな謎を解き明かしてくれる。著者はそれぞれの唄のゆかりの場所を実際に訪れて、調査されていて歌碑や像の写真も付いている。

明治の唄を、今も大人と子どもが一緒に歌えるしあわせが、しみじみありがたい。これからも歌い継いでいかなくては。

（２００３・５）

音楽はお好き？

生来の音痴でハーモニカすら吹けないくせに、音楽は好きでぼちぼちコンサートなどにも行っている。この夏の予定はハンガリーのオーケストラにチェコのオペラ。オペラの全曲を鑑賞するのははじめてのことで、すこし、予習をと物色していたところ、とっても楽しい本が見つかった。それは『ぼくとオペラハウス』。男の子がおじいちゃんに連れられて、はじめてオペラを観に行く。エンゲルベルト・フンパーディンクの「ヘンゼルとグレーテル」を楽しんだ次の日、男の子はオペラハウスの舞台美術家だったおじいちゃんに舞台の裏側を案内してもらう。舞台監督、演出家、照明係、舞台装置、衣装、小道具、さまざまな仕事があって、おどろくことばかり。克明に描かれた絵は見事に内容をものがたり、温かみのある色と、表情豊かな登場人物たちがいきいきと動き、読者を惹きつける。少ない言葉で多くの情報を伝えてくれ、子どもの本と侮れないものがある。

著者はベルリン在住のイラストレーターで、この本でドイツ音楽出版賞（一九九九）を受賞している。同シリーズ『ぼくとオーケストラ』は男の子が大オーケストラのチェリストのおじさんに演奏会に連れて行ってもらうお話。コントラバスやトロンボーンの奏者に紹介されて、話を聞いたり、チューニングの様子を観察したり、指揮者の動きを間近に見て感動したり、はじめての体験のドキドキワクワク感を共有できる。

「オーケストラ」を描いた傑作絵本『オーケストラの１０５人』に匹敵する面白さ。

そして最新作が『ぼくと楽器はくぶつかん』。主人公の男の子は少し大き

『ぼくと楽器はくぶつかん』
アンドレア・ホイヤー　宮原峠子 訳
カワイ出版

くなって、今度はシューマン先生と遠足で楽器博物館に行く。大昔のものから現代のものまで、世界中から集められためずらしい楽器のかずかず。バグパイプにされてしまった山羊、たて琴は亀、ギターはアルマジロ、ツィターはワニ、壁でのたうちまわっているホルンなどびっくりの連続。

以上三冊で楽しく音楽の勉強ができました。どう、好きになった?

（２００３・７）

おとぎばなしのその後は？

王子様と結婚してふたりはしあわせにくらしましたとさ。めでたし、めでたし。

でも、ほんとにそうなの？　二十年も三十年もずっとしあわせなままなわけ？　うそ臭いな、と考える人も多く、昔話後日譚やパロディーが生まれる所以でもあります。

ところがこの本、五味太郎さんの『しあわせになりたい研究』はそんな単純なものではありません。おとぎばなしを教材にした「しあわせになりたいひと」のためのおべんきょうなのです。主人公の心の裏を読み、登場人物の行動が鋭い洞察力（というより精度の高いいじわる眼鏡）でもって分析されています。しかも、本書はあくまでも「しあわせになりたい研究」であるからして、有益な処方箋にもなれば、それなりの教訓も得られます。

第1章では「しあわせになる」ということの代名詞にもなっている「シンデレラ物語」が俎上にのぼります。ようするに、ただ惨めったらしく暮らしていただけなのに、たまたま魔法使いのおかげでそのまましあわせになっちゃったシンデレラはずるい。でもね、シンデレラのその後、老後も、しあわせだったという保証はされてないのです。

第2章「ウサギとカメ」。といってもここではウサギのような人、つまり肉体的優位を自覚している未婚の女性とカメのような人、つまりルックスもそんな感じで辛抱強く、見かけ、のそのそタイプの女性の人生レースに見立てての考察です。

第3章は明解すぎるお話「アリとキリギリス」を、アリさん的生き方とキ

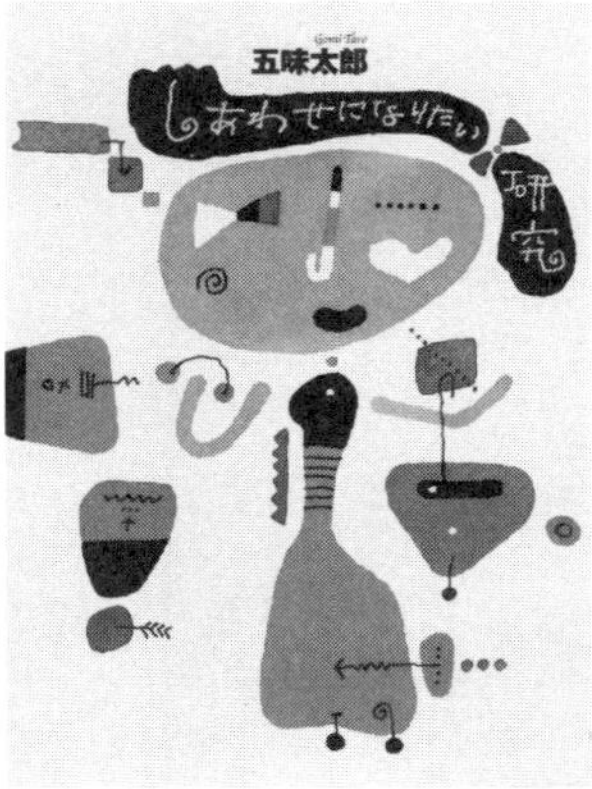

『しあわせになりたい研究』
五味太郎
大和書房

リギリスさん的生き方の個人の中でのせめぎ合いとしてとらえて、「しあわせ」になるための努力と結果との関係を追及します。

　第4章「赤ずきんちゃん」。すなわちブランドもので身を固めた若い女性の「赤ずきんさん」が訪ねるのはおばあさんではなく、男。

　ここまで読んで、これって子どもの本なの？と疑問をもたれるかもしれません。でもいいのです。五味さんの本はすべて年齢を問いません。子どもにとってもこのくらいの毒は薬になるでしょう。ほら、カバーの折り返しで五味さんがニンマリして言っていますよ。「あなたが、この本をおおいに楽しんで読んでくれる大人であってほしいと思います」って。


（2003・10）

やったね！とびきり弁当

想像を絶する少年犯罪の多発にともなって、キレる子どもと食生活の乱れとの関係が取りざたされるようになって久しい。

最初はそんなこともあるかなあくらいに思っていたのが、最近読んだ『変わる家族変わる食卓――真実に破壊されるマーケティング常識』や『あした何を食べますか?――検証・満腹ニッポン』で、びっくり仰天。事態はここまで来てしまっているのか。

信じられない取り合わせの献立。同じ食卓についていても、それぞれ勝手に好きなものを食べる家族。孤食から個食へ。家庭での食事は「当たり前」ではなくなり、「キッチンは外へ」という有様。子どもにも生活習慣病の授業が必要とされる時代。

そんな時代だからこそ、何とかしなくてはと行動を起こす人はかならずいる。個人のひらめきと実践は一過性かもしれないがひとつの突破口となり、小さな風穴を開けてくれる。

ある校長先生のひらめきが痛快なまでの成果をもたらし、小さいけれど実にさわやかな風穴となって、広がっていきそうだ。

その実践記録が『〝弁当の日〟がやってきた』である。

滝宮小学校の「弁当の日」は月一回で年五回。弁当を作るのは子ども(五・六年生)。保護者は手伝わない。献立、食材の購入、調理、盛りつけのすべてを子どもたちの手で。この本の著者である校長は充分な説明のないまま「弁当の日」をスタートさせた。リスクをおそれ、「石橋を叩きすぎる」傾向にある教育現場にあって、あえて子どもたちの生きる力を育てたいという

『“弁当の日” がやってきた』
竹下和男他
自然食通信社

夢に賭けた実践だった。親が作るほうが楽だけど、手を出さずに見守ることが「手間暇かけた教育」だと親を説得。教師も自分の弁当を手づくりし、子どもたちの力作弁当の写真を撮って記録する。寒い朝も五時に起きて、栄養のバランス、旬の素材、などに気を配り、失敗しても、材料が揃わなくても工夫を凝らして白分のオリジナルメニューに挑んだ子どもたち。見返しにずらり並んだすてきなネーミングがぴったりの自慢の弁当を掲げてにっこり。「弁当の日」の輪よ、広がれ！

（2003・12）

III

子どもたちへの応援歌

生き生きと描かれた世界の子ども

激しく揺れ動く国際情勢の中、日本にもアジアからの難民や外国人労働者が増え、子どもたちが外国の人々と触れ合う機会が多くなっている。国際化の必要性も叫ばれているが、まず大切なのは、地球上のさまざまな場所で何が起きているかを子どもたちが知り、そこに生きる人々の生活に思いをはせることであろう。

子どもの本の世界でも、最近、さまざまな国の子どもたちの生活を生き生きと描いたものが目を引く。国際識字年を記念してユネスコ・アジア文化センターで作られた『なにをしているかわかる?』は、世界の子どもがみんなで一緒に楽しむ絵本ということで、世界五十一か国から集まったイラストとその国々の言葉で「こんにちは」が見返しを飾っている。

本文は世界各地の作家や画家に依頼し、それぞれの国の自然や文化を背景に、子どもの生活を描いている。なぞなぞや隠し絵などもあり、楽しみながら字に親しめるように配慮されている。

先進国に偏りがちだった翻訳も少しずつ広がりを見せ、新しくタイの農村を舞台にした少女の自立の物語『夜明けのうた』が出版された。タイの貧しい村の少女が、都会の学校へ行く奨学金をもらえるのに、女の子だからと、両親や周りの人たちに反対される。それでも少女はよりよい社会をつくる理想を掲げ、敢然と一歩を踏み出す。一九七五年の作品であるが、今もタイでは多くの子どもが家族のために働かねばならない現実があるという。文章は生硬で、文学的な完成度に欠けるが、自立への熱い思いが胸を打つ。

生まれた国が戦争をしたり、少数民族として抑圧を受けたりしたため、難

『アフガニスタンの星を見上げて』
フルグラ・コヒィ
小学館

民となって移住せざるを得ない人々、そして子どもたちがいる。『ベトナムから来たニンちゃん』は両親、きょうだいと別れ、小さなボートで命懸けで脱出し、日本の小学校へ通う少女、ニンちゃんを中心に、日本語を学び、日本の社会に溶け込もうと努力する子どもたちの姿を誠実にとらえている。

アフガニスタンからの決死の脱出行の後、奇跡的に日本にたどり着き、父親と再会するまでの過酷な体験を日本語でつづった『アフガニスタンの星を見上げて』とともに、私たち日本人の難民問題に対する意識を問い直させるものがある。さらにルーマニアから西ドイツへ移住した家族の不安な日々を子どもの視点で描いた『チョコレートとバナナの国で』も興味深い。

異なる国から来た異なる文化・習慣を持つ人々をどのように受け入れ、どのように接していくのか、子どもも大人も真剣に考えてみたいものだ。

（１９９０・６・22）

心に響く本との出会い願う

　ことのほか暑い日が続いた夏休みも終わった。日ごろはあまり顔を見せない中学生や高校生も夏休み中は多数訪れ、「感想文の書きやすい、短い本を」と要求が集中した。そうしたときこそ図書館員は、間に合わせの読書ではなく、心の底にまで届き、真の喜びを与えてくれる本と幸せな出会いをしてほしいと願わずにはいられない。さまざまな問題を抱えて生きている思春期の子どもたちに、今、いちばん共感でき、これこそ自分を描いてくれていると思える作品を紹介したいものだ。

　神経性の失語症になった十四歳の少女の日記形式の作品『話すことがたくさんあるの…』は、少女がなぜ言葉を、声までも失ったかが日記の中で解き明かされていく。さらに日記は、少女が新しい学校で、先生や同室の友人たちとのかかわりの中で、深く傷ついた心身を立ち直らせていく過程を描いている。この本は一九八八年のオーストラリア児童文学賞を受賞している。

　血のつながった家族の中にあっても心に傷を負わされることが起こりうる現代の子どもたちを癒し、救うことができるのはだれか、を問う作品に『なぞの娘キャロライン』がある。富豪の子であり、普通ではないからと隔離されて育つ妹と、その妹を持つ兄として緊張を強いられてきた兄妹にとって、十七年間行方不明だった姉キャロラインの突然の帰宅は、二人の生活を根底から揺り動かすものであった。二人はキャロラインによって、新しい世界へ一歩を踏み出すことができるが、本当の姉か否かのなぞは最後まで明かされない。

　民主化される前のポーランドの作品『クレスカ15歳　冬の終わりに』は、

『話すことがたくさんあるの…』
ジョン・マーズデン　安藤紀子 訳
講談社

生き生きとした魅力的な少女クレスカの初恋をみずみずしく描いているが、それ以上に、この物語の中に妖精のように出没する小さな女の子の存在が印象に残る。冷たい家庭にいたたまれず〝お昼ご飯〟と愛情を求めて、人から人へと動きまわり、不思議な力で人と人とを結びつけていく幼い女の子。この子と心を通わすことで周りの大人たちの心も開かれていく。

少女の内面を描いた秀作のほか、思春期の少年の旺盛なエネルギーに負けない、読みごたえのある本も出た。『ブラッカムの爆撃機』は第二次大戦下、イギリスの少年飛行兵たちの爆撃の恐怖、戦争による人間性喪失の恐怖の中での友情を描いて迫力がある。

長く絶版になっていて〝幻の本〟であったが、この夏、文庫で再版された『卒業の夏』は、ピアノの腕は抜群だが反抗的なアンチヒーロー、ベンのカッコよすぎるほどの行動が速いテンポで描かれる。二十年を経ても色あせることなく、続編の邦訳を待つ声は大きい。

（1990・9・7）

手づくりで生まれる心のふれあい

ことしの「子ども白書」によると、子どもの数が減っているにもかかわらず、おもちゃの購入額は増えており、高額、大型化し、親の手間を省くためのおもちゃが選ばれる傾向にあるとのこと。それが子どもにとって、本当の意味で豊かさにつながるとは思えない。次々と高級品を求めても、しょせんは既製品でしかない。今こそ、手づくり、手渡しの文化の豊かさを見直したい。

子どもたちは自分の手を使って何か作ったり、自分の作ったもので遊ぶとき、生き生きとして目が輝いている。図書館での手づくり遊びの会などで、そんな子どもたちの顔が見られるのはうれしい。家庭でも、親子で力を合わせて何かを作り出すことで心の触れ合いが生まれ、喜びを分かち合うことができる。そんな手づくり遊びのヒントを教えてくれる本を紹介しよう。

どこにでもある新聞紙が、象になり、ライオンになり、迷路ができ、海ができ、そして袋に詰めて大きな地球まで、と無限に楽しめる『しんぶんしでつくろう』は、子どもの心を思いっきり、解放してくれそう。紙コップに切り込みを入れるだけで、たこや犬やUFOができる『かみコップでつくろう』もある。

クマの親子が学校のバザーに何か作って出すことになり、簡単な材料でできる、石の文鎮やお楽しみ箱、たまごマンなどを作る様子がほほ笑ましい絵本『こぐま学校のバザー』も人気があり、版を重ねている。

シリーズ「てをつかう・くふうをする」の一冊目、『かみとあそぼう』は紙を破いたり、折ったり切ったりして、クリスマスなどの飾りの作り方が、

『こぐま学校のバザー』
ミシェル・カートリッジ　せなあつこ 訳
偕成社

実物大型紙を用いてわかりやすく説明してある。『キッチンアイデア工作』は、台所にある身近な材料、マカロニやコーヒー豆、卵などを使った工作で、クリスマスの飾りもいろいろある。

これからの季節、長い夜のお楽しみに、クリスマスの飾りを手づくりしてみてはいかが。子どもの成長は早く、子どもとのゆったりとした幸せなときは、二度と取り戻せないもの。今を大切に。

一緒に手づくりを楽しむにはお料理もいい。『おいしい料理のほん』は美しい大型本。『ぐりとぐら』の山脇百合子さんの絵と文がユーモラス。おとうさんのパンケーキや、おばあちゃんの特別おいしいご飯のたき方などもあり、家中で楽しめる。

（1990・11・23）

自分を救うため過去への旅

四月——子どもたちはそれぞれに入学、進級、クラス替えによる新しい環境になじめるまで、不安と緊張の日々が続いていることであろう。また、悲しいことだが、親の思いにこたえることができなくて自らを責め、傷ついている子も少なくない。

親との関係がうまくいかない。ありのままの自分を認めてもらえない。そうした苦しみの中で、子どもたちは自分を救うため、自分自身であることを守るために、過去の時間へと旅をする。

そこでの母や祖父母、友だちとの出会いが、重要な意味を持つ作品が相次いで翻訳された。

どれも子どもたちの好きな幽霊物語の形式を取ることになり、エンターテインメントとしても成功している。

『床下の古い時計』では、避暑地の小屋の床下から見つかった古い懐中時計のねじを巻くことで、三十五年前の世界に戻ることができる。

両親の離婚問題と強く美しい母への劣等感に悩むパトリシアは、過去の時間の中で十二歳の少女である母に出会う。今の母とは別人のように、家族にいつもおしつぶされ、傷つきやすく、不安定な性格の少女を見ることで、パトリシアは現実の母に心を開き、互いに理解し合えるまでに成長する。

『まぼろしのすむ館』では、年老いた大叔母が一人で住む古い陰気な館に預けられた、いとこ同士の少年と少女が、次々と起こる不思議な出来事を調べ、力を合わせて解決してゆく。

ここでは、過去への通路は古いカメラであり、それで撮った写真には、今

『床下の古い時計』
K・ピアソン　足沢良子 訳
金の星社

はないはずの古い家具が映し出されており、館の秘密を探る糸口となる。

『幽霊の友だちをすくえ』も、イギリスの古い館を舞台に、庭園の古い日時計を通路として少女は過去へと旅をし、幽霊の友だちと出会う。この出会いと友だちを救うための戦いによって、少女は現実の危機を乗り切ることができる。この作品はテレビドラマ化され、好評を博しているとのこと。

以前、この欄で紹介した『なぞの娘キャロライン』も、アメリカでドラマ化され、先月、日本でも放映された。児童文学が良質のドラマとして映像化されることは、読者を増やすことにもなり、歓迎したい。

（1991・4・26）

子どもたちへの応援歌

昨年の秋、惜しまれて世を去った作家、ロアルド・ダールは雑誌「ニューヨーカー」の常連であり、短編小説の名手として有名だが、子どもの本の作家としても『チョコレート工場の秘密』をはじめ、数多くの作品で親しまれている。没後半年を経て新作『マチルダはちいさな大天才』が訳された。

マチルダは小さな女の子だけど、ただものではなかった。三歳になる前に字が読めるようになり、四歳と三か月で村の図書館の子どもの本は読み尽くし、司書のミセス・フェルプスに選んでもらった、ディケンズやオースティン、ヘミングウェーまで読んでしまう大天才。

ところが両親はどうしょうもない俗物で、マチルダのことをかさぶたぐらいにしか思っていなかった。親たちの度重なるひどい扱いに耐えかねて、マチルダはその鋭い頭脳にものをいわせて、痛烈な仕返しをする。

学校にあがったマチルダはミス・ハニーというすばらしい先生に出会うが、校長はとんでもなく恐ろしい圧政者だった。ここでもマチルダは指一本動かすことなく女校長を退散させる。

世の親や先生にはまゆをひそめたくなるような、荒っぽく、途方もない言葉がポンポン飛び交うが、ダールは徹頭徹尾、子どもの味方であり、子どもの前に大きく立ちふさがる大人たちに対して「断固、戦え」と力強い応援を送っている。

ダールの作品は根強い人気があり、本を読み慣れていない子にも絶対に喜んでもらえる。図書館員にとっては最後の切り札の作家である。クエンティン・ブレイクの表情豊かで、ユーモラスな絵もぴったりしている。

『マチルダはちいさな大天才』
ロアルド・ダール　宮下嶺夫 訳
評論社

子どもたちは、案外、グロテスクなものが好きで、そのパワーは子どもたちを元気にもする。そんな絵本のきわめつけが『みにくいシュレック』。旅に出た若者がさまざまな試練を経て、美しい王女と結婚するという昔話のパロディー。かみついた蛇がひきつけをおこすほどの醜いシュレックが、この世でいちばん醜い王女と結婚し、めでたし、めでたし。そして、もう一冊、とびきり上等なナンセンス絵本『まちがいペンギン』をどうぞ。親子で読んで笑い合えば、子どもにやっつけられないで済むかもしれない。

（1991・7・4）

物語の大切さと素晴らしさ

いつの日か、もはや地球には住めなくなって、他の惑星に移住することになったとき、各自一冊しか本を持って行けないとしたら、あなたは何を選びますか。

『パティの宇宙日記』は、そこから話が始まる。パティの家族は地球からの最後の脱出組で、おんぼろ宇宙船で出発することになり、各自が一冊の本を選んだ。お父さんは「中間技術辞典」を、お兄さんは「ロビンソン・クルーソー」を、お姉さんは「子馬クラブよ、もういちど」を、末っ子の小さなパティが持ってきたのは、何も書いてない、グリーンの表紙の本「備忘録」。皆にさんざん笑われたり、哀れまれたりした。

やがて新しい惑星にたどり着き、人々は手さぐりで、おそるおそる、ときには偶然の発見に助けられて、地球とは全く違う新しい生活を一つひとつつくり上げていく。なんとか生活は維持できたが、持っていった本は読み尽くし、人々は乏しい食料と交換してまでも本を、物語を欲しがるようになった。そんなとき、何も書いてないはずのパティの本に、ぎっしりと字が書いてあるのがわかった。それこそはパティの大きくて丸い字で書かれた、物語。すなわち新しい惑星での新しい生活のすべてを書き留めた創世記であった。

「人は物語なしには生きられない」という真実が、小さな子どもにもわかるやさしい言葉で、実に鮮やかに美しく描かれている。

中高校生向きには、しっかりとした骨格を持ち、精巧に織り上げられたタペストリーのような重厚な作品『少年ルーカスの遠い旅』が、物語の素晴らしさを存分に味わわせてくれる。

『パティの宇宙日記』
ジル・ペイトン・ウオルシュ　岡本浜江 訳
文研出版

失そうした父親の借金の返済のため、南北戦争直後のアメリカへ大工の棟りょうの祖父について行き、波乱にみちた二年の旅を経て東プロイセンに帰国する少年ルーカスの成長が、ドイツ教養小説の伝統にのっとって、雄大なスケールで描かれている。六百ページ余という大部だが、冬の朝の息の白さが目に見えるような鮮烈な描写は、出だしから読者を飽きさせない。

この作品はドイツ児童文学賞などを受賞している。両著者ともすでに定評のある作家であり、旧作『夏の終りに』『海鳴りの丘』（ウォルシュ）『隣の家の出来事』（フェーアマン）が、岩波書店から〈世界の青春ノベルス〉として装丁を一新して、今月末に発売される。

（1991・9・20）

もの言う動物たちや雪だるまの楽しい話

今ごろはサンタさんに手紙を書く子どもの姿を見て、なぜかホッとされている方も多いことでしょう。できることなら、いつまでもサンタクロースや、妖精や、物言う動物たちの存在を信じ続けてほしいものです。そんな願いをこめて、子どもたちに贈るプレゼントにふさわしい四冊を選んでみました。いずれもイギリスの作品です。

『雪だるまのひみつ』は、女の子ピッパが、心をこめてつくった雪だるまをピーターキンと名づけ、友だちにします。そして夜になると、一緒に雪だるまの集会に出かけて楽しく遊ぶという美しく、不思議なお話。

低学年向けのもう一冊、『ミリー・モリー・マンデーのおはなし』は、一九二八年の初版以来六十余年、読み継がれてきた物語。

お父さん、お母さん、おばあさん、おじさん、おばさんの愛情をたっぷりと注がれて、元気に育つ小さなミリーの、ささやかだけど、深い喜びに満ちた生活が描かれています。

中学年向けの『ようせいティキのおくりもの』は、新しい妖精物語。

バラの花の妖精ティキは、現代っ子らしくジーンズなんかはいています。ちょっぴり太めで、ごく普通の妖精ティキが、やっとこさっとこ、魔法の力を集めてプレゼントしてくれた女の赤ちゃんがビンディです。ビンディもどこから見ても普通の女の子。ただ、ほんの一房の青い髪の毛があるだけ。

こうして人間と友だちになったティキとエルフのウィジックは、おそろしい妖精の女王にひどい目にあわされます。かわいそうな二人を、青い髪の毛の魔法で助けることができるでしょうか。最後までわくわくさせられます。

『ようせいティキのおくりもの』
リン・リード・バンクス　中川千尋 訳
福武書店
【品切】

『子ブタシープピッグ』は、物言う動物たちが大活躍する、愉快な物語。ある日、ホギットさんの農場にやってきた子豚を、見どころあり、と見て、母親のように、面倒を見ることにした、コリーの雌のフライの訓練のかいあって、立派なシープドッグならぬシープピッグに成長した子豚のベイブ。ホギットさんもベイブの能力を見抜いてついに、シープドック・チャンピオン大会に出場することになりました。さて、結果はいかに……。

（1991・12・6）

孤独な少年の心描く作品

ソ連邦崩壊後、はじめての冬を迎えるモスクワの人々を映すテレビ報道の中に、親に捨てられ、通りをさまよう少年の姿があった。ついにモスクワにもストリートチルドレンが現れた。ユニセフの調査によれば、現在、世界の隅々に、三千万人以上のストリートチルドレンがいるといわれている。急速な都市化を迫られる開発途上国だけでなく、ニューヨークなど先進工業国の大都市でも大きな問題となっている。

そのニューヨークを舞台に、ストリートチルドレンとひとくくりに呼ばれる子どもたちの一人ひとりの顔が見え、声が聞こえてくるような、そして彼らの心の内側を見せてくれるような作品がある。

児童文学にストリートチルドレンがはじめて登場したのは、一九七一年の原作で一九八八年に訳出された『ジュニア・ブラウンの惑星』である。壊れたビルの中の〈惑星〉をねぐらに、「明日のビリー」と呼ばれるリーダーを中心に子どもたちだけで、しっかりと生活を築いていく少年たちの物語。彼らは、肉親と暮らしながらも精神的につぶされていく友だちを〈惑星〉へ救い出しさえする。

『地下鉄少年スレイク――121日の小さな冒険』は、孤独な少年が逃げ込んだ地下鉄で偶然見つけた、洞穴のようなコンクリートの小部屋で百二十一日間を生き抜く姿を乾いた筆致で描いている。たった一人の地下生活の間に少年は、生きるために、自分の能力をせいいっぱい発揮し、他者と出会い、はじめて心を通わせる。それはまさに発見と喜びに満ちた冒険の日々でもあった。

『地下鉄少年スレイク── 121日の小さな冒険』
フェリス・ホルマン　遠藤育枝 訳
出版工房原生林

ところどころに挿入されたニューヨークの地下鉄や街を撮ったセピア色の写真がリアリティーを感じさせる。この原作は一九七四年に書かれており、同じ作者の十六年後の作品『合衆国秘密都市』では、主人公は独りぼっちではなく仲間がいる。狭いアパートの中に自分の居場所がない少年、ベンノは、がれきの山となっている取り壊し地区を「秘密都市」と名づける。

友だちや路地で寝ている子どもたちも入れて、仲間だけで残った建物を手入れし、がれきを片づけ野菜まで育てる。ベンノの夢は大きくふくらみ、路上に生活する子どもや大人たちに住む場所を、と願う。協力してくれる大人たちが現れ、ハッピーエンドに終わる。

いずれも重いテーマを描きながら不思議に明るく、ユーモアさえ感じられ、救われる。しかし、現実は決して甘くはなく、悲惨を極めるものであろう。ストリートチルドレンになる自由さえ与えられない日本の子どもたちにとっても。

（1992・3・5）

立ち直る過食症の少女

　女性誌にダイエットの記事のない時はなく、あらゆる方法のダイエットの本がはんらんしている一方で、少女たちの摂食障害（拒食症や過食症）の話題がマスコミをにぎわせている。

　子どもの本の世界でも拒食症・過食症の問題を描いた作品が何冊か出ている。最近作『ビターチョコレート』（原作は一九八〇年）はドイツの作品。十五歳のエーファは自分を太っていて醜いと思い込み、自分の殻に閉じこもり人を遠ざける。そして孤独の苦しみを忘れるため、ひたすら食べ続ける。そんなエーファをありのまま認めてくれる男の子ミヒェルとの出会いでエーファは変わった。今あるがままの自分を信頼し、少しずつ心の飢餓を癒してゆく。

　アメリカの作品『鏡の中の少女』では、拒食症の少女が自分を追いつめていく内面の葛藤が克明に描かれる。まだ拒食症という言葉すらなかったと思われる十九世紀末を舞台にした『キルト――ある少女の物語』でも、時代や社会の枠にとらわれて、自分の将来に絶望した少女の無意識の抵抗が拒食症となって生命までおびやかす。日本でも『十四才の妖精たち』のほか、少女漫画で見事に過食症の少女の心の内側を描いた大島弓子の『ダイエット』などがある。

　このように、現実のさまざまな問題を反映した児童文学が世界の各地で同時に発生している。しかしその中の多くは一過性のものとして消えてゆき、ほんのわずかな作品だけが時代を超えて読み継がれていくであろう。私たちの仕事がそれを的確に見極め、読者に手渡す一助となればと願っている。

『ビターチョコレート』
ミリアム・プレスラー　中野京子 訳
さ・え・ら書房

さて、暗い話の後のお口直しには、安心して読め、楽しめる二冊がおすすめ。『あっ、ちぢんじゃった』は女の子の口から思わずとび出した呪文にかかって次々と縮んでしまった郵便屋さん、おまわりさん、先生、新聞記者の大人たち。彼らを助けようと必死になる子どもたちの立場の逆転が意表をついて面白い。『おじいちゃんの休暇』は、フランス・ブルターニュの美しい島ベル・イールの故郷へ六十年ぶりに帰るおじいちゃんと付き添いの孫との素晴らしい休暇旅行。島で初恋の相手に再会したおじいちゃん。おじいちゃんの新しい人生を祝福する孫。やさしい人ばかりが登場する心安まる物語。

（1992・5・21）

こわい話で夏を涼しく

夏休み真っただ中、図書館は連日、日焼けした子どもたちの熱気で冷房もきかないほどです。今年も恒例の〝こわいお話大会〟が開催されます。日ごろテレビで強い刺激に慣れている現代っ子も、お話の時間は神妙な顔になり、かたずをのんで語り手を見つめてくれます。

こわい話が好きな子におすすめの一冊は『こわがってるのはだれ?』。今はアパートに改装された古い館の昔台所だった部屋に、突然転がり出てきた古い古いクリスマス・プディングの不気味な存在。いじめられっ子が追われて入った、百歳の大おばあさんの部屋での恐怖。見つかるはずのないボールを追い続ける幽霊の犬の悲しみ、など十一編が収められています。

日常生活のある断面を鮮やかに切り取り、スーパーナチュラルな手法を取りながらも、それを納得させる理性的な語り口は、人間存在の深淵をのぞき見る不気味さがあります。一編ずつ丁寧に読み聞かせ、家中で味わってほしい作品です。同じ作者の『幽霊を見た10の話』もご一緒にどうぞ。

子どもの〝こわいもの見たさ〟の中には戦争も含まれます。好奇心旺盛な子どもにとって戦争は最も心ひかれる出来事であり、ましてその渦中に少年期を送った者にとってはなおさらでしょう。イギリス映画「戦場の小さな天使たち」のラストで、学校が空襲で崩壊したことを知った子どもたちが思わず帽子をほうり上げて歓声をあげる場面がありましたが、『ウォー・ボーイ――少年は最前線の村で大きくなった』は、そうした少年たちの刺激に満ちた日々を描いています。

生きる喜びと悲しみに大きくゆれ動く生活、極限状況の中で温かい触れ合

『こわがってるのはだれ？』
フィリパ・ピアス　高杉一郎 訳
岩波書店

いを求める兵隊たちとの出会いと絆が、少年の目を通して淡々とつづられ、絵本作家である著者の手になるユーモラスで動きのある挿絵が多くを物語っています。イギリスでケイト・グリナウェイ賞を受賞しています。

さてもう一冊、この夏、お母さん方におすすめしたいのが、『ヒルクレストの娘たち』。イギリスの第一次大戦前後の時代を舞台に、両親を失いながらも、持って生まれた豊かな才能を生かしながらそれぞれの運命を切り開いてゆく四人姉妹の物語です。姉妹一人ひとりの視点から一冊ずつ物語が語られ、重複しながらも多面的にとらえることができ、興味が深まります。子どもにばかり本を読めと言わないで、お母さんもぜひ長編に挑戦してみてください。

（１９９２・８・６）

異文化に理解深める読書を

この秋の読書週間中に恒例の「学校読書調査」が発表されました。年々、子どもの読書離れが言われ続け、今年の結果も、一か月に一冊も読まない〝不読児〟が高学年になるほど増えており、中学生で四六パーセント、高校生は六〇パーセントになっています。

図書館の現場でも、翻訳児童文学が以前ほど読まれていない、それも高学年になるほどその傾向が強いようです。今、世界の各地で民族間の対立、宗教の違いから生まれる根強い抗争がさまざまな悲劇を引き起こしています。こうした時代だからこそ、異文化に触れ、理解を深めるための読書が必要とされるはずです。

読むのに少し抵抗のある翻訳ものは、周りの大人のちょっとした後押しが欲しいところ。最近出版された中から親子で一緒に読み、考えてみたい作品を紹介します。

『ぼくたちは国境の森であった』は、イスラエルとレバノン国境間近のイスラエルの山岳地帯が舞台。ユダヤ人の少年とアラブ人の少年が森の中で迷い、助け合って何日か過ごす間に友情が芽ばえる。思わぬ危機を乗り越え、敵対することの愚かさに気づく二人の成長に作者は希望を託している。原作はテルアビブ在住の作者によってヘブライ語で書かれたもの。

『海が死んだ日』は前作『泥棒をつかまえろ!』で高い評価を得ているスイスの作家シュタイガーの環境破壊をテーマにした力作。フランス、ブルターニュ地方の小村ロルナックに起きた石油タンカー事故をモデルに、開発と環境保護、中央と地方、父と子の対立、葛藤を迫力ある筆致でドラマチッ

『ぼくたちは国境の森でであった』
ダリア・B・コーヘン　母袋夏生 訳
佑学社
【品切】

クに描いている。頑固なまでに自分の古いホテルと美しい海の見える土地に執着する老人ジュールのキャラクターに説得力がある。

アメリカ映画「刑事ジョン・ブック／目撃者」で注目されるようになった、アーミッシュの生活を描いたはじめての児童文学『アーミッシュに生まれてよかった』は、日本の子どもたちには信じ難い世界かもしれない。

しかし、この本を読むことで、電気や自動車、テレビなど文明を拒否し、十八世紀のままの生活様式を守り続けるアーミッシュの人々の生き方、伝統を守ることへの誇りを、理解できるであろう。

（1992・11・19）

障害に負けず挑戦

　新年おめでとうございます。今年の干支（えと）はとり。とりにちなんだ本を、とも考えましたが、それではあまりに月並み。とりならぬ〝ブタが飛ぶ〟お話で、まずは驚いていただきましょう。

　『飛んだ子ブタ　ダッギィ』の主人公の子ブタの名前はダッギィ・ドックフットといいます。生まれつき前足が普通の子ブタとは違って、犬の足のように先が丸くなっていたからです。母親の名前はバーリーラブ、父親の名前はチャンピオン・インペリアル・チャレンジャーⅢ世プラウバローといい、由緒正しいグロスター・オールド・スポットの血統で、昔からイギリスの農家で好んで飼われてきた品種のブタです。

　さて、不幸な生まれの子ブタ・ダッギィは飼い主に「片づけられて」しまうはずの運命から死にもの狂いで抜け出し、母親の元に戻り、一躍人気者になります。

　ご近所のおばさんブタたちのうわさ話を小耳にはさんだダッギィは、自分は空を飛べるかもしれないと思い込み、果敢に挑戦します。

　生まれつきの障害をものともせず、積極的に外の世界に挑む子ブタは、まず、農場のアヒルのおばさんの手ほどきと、カワウソのおじさんの特訓で〝泳ぐブタ〟になります。ダッギィが泳げるようになったと聞いただんなさまの父親も、鼻が高いというものです。そんなある日、農場が大洪水に見舞われます。孤立した飼い主ピックマン（ブタにとっては召使）と飢えたブタたちを救えるのは〝泳げるブタ〟ダッギィしかいません。ダッギィは救出作戦に見事成功するでしょうか、そして究極の目標〝空を飛ぶ〟ことができる

『飛んだ子ブタ ダッギィ』
ディック・キング=スミス　木原悦子 訳
評論社

でしょうか。

前作『子ブタシープピッグ』同様、農夫の経験を持つ作者による、ひなびた農場を舞台に繰り広げられるユーモラスな動物ファンタジー。さりげないペン画ながら、表情豊かな挿絵がイメージを膨らませてくれます。

新春にふさわしい心温まる物語『赤い靴下』は、ウィーンに住む少女マリが公園のベンチで右足に赤い靴下、左足に黒い靴下をはいたおかしなおばあさんに出会ったことから始まります。精神障害者ホームから逃げ出したおばあさんを自分の部屋にかくまい、必死になっておばあさんの心を理解しようとするマリ。そんなマリと一緒に、両親も行動を起こしてくれるようになります。旧西ドイツで老人問題に対する社会的関心を呼びおこし、精神治療の分野に新たな方向を示したと伝えられる作品です。（1993・1・13）

親子で豊かなひとときを

卒園の季節、子どもたちは大きな成長の節目を迎えます。このごろではほとんどの子が入学前に字が読めるようになっています。今まで絵本を読んでもらっていた子も、「もう一年生になるんだから自分で読みなさい」なんて言われていないでしょうか。どうかそんなに急がないでください。幼年向きの童話もぜひ大人が読んであげてください。そして大人も子どもと一緒にお話を楽しみ、お話の世界でたっぷり遊んでください。そんな、親子で楽しめる低学年向きの作品を二冊、紹介します。

『ようせいのゆりかご』は幼い子どもと妖精や小さいものたちとのやさしい触れ合いを日常生活の一シーンとしてさりげなく描いた七つの短編からなる一冊。この本の中では大人も子どももごく自然にファンタジーの世界に入り込め、心豊かなひとときを過ごすことができる。訳者自らによる鉛筆の柔らかで表情豊かな絵が雰囲気を盛り上げてくれる。

『こぶたのおまわりさん』は、子どもたちの大好きなケーキがいっぱいでてくるお話。ある日、こぶたの飼い主のおかみさんが作った七段重ねの素晴らしいケーキが何者かに盗まれてしまう。それからは、隣のおじいちゃんの誕生日ケーキ、結婚式のケーキ、命名日のケーキとあらゆるケーキが盗まれるようになって、村は大騒動。ついに鼻のきくこぶたがおまわりさんの助手になって大活躍、見事、ケーキ泥棒を捕まえる。

高学年向きには『夏・みじかくて長い旅』がおすすめ。作者ジャン・マークは地味な素材と堅実な作風ながら、イギリスの地方に暮らす現代のごく普通の子どもを等身大に描いて好感が持てる。主人公エリカはバイクの魅力に

『こぶたのおまわりさん』
シーブ・セーデリング　石井登志子 訳
岩波書店

とりつかれ、メカニック（修理工）になりたいと思っている女の子。夏休みに田舎のおばさんの家に預けられたエリカは土地のバイク修理屋エルシーと出会い、メカニック見習いとして仲間入りする。

エルシー独特の物の見方、感じ方に大人と子どもの枠を超えて共感するエリカの心理が細やかに描かれ、ユーモラスで機知に富む会話に思わずほおが緩む。

この作品で作者は二度目のカーネギー賞を受賞している。

ヤングアダルト向きでは、やはりイギリスの現代を舞台に、失業、貧困、絶望の中で打ちひしがれる大人たちに何の期待も甘えも抱かず、ひとり敢然と立ち向かう少年を描いた『ビーストの影』が強い印象を残してくれた。

（1993・3・18）

雨降り冷夏のうさ晴らしに

冷たい風が吹き、雨も多く夏らしい日が続かないまま、夏休みも終わりに近づいてしまいました。思いっきり遊べなかった欲求不満にウツウツとしている子どもたちに、読めばきっと元気が出ること請け合いの本を紹介しましょう。いずれもごく普通の男の子が主人公。決してスーパーマンでも優等生でもなく、欠点もあれば弱点もある現実の子どもたちです。日ごろ、物語から遠ざかりがちな小学校中・高学年の男の子も雨降りの夏休みのつれづれに図書館へ出かけて読んでみてください。友だちに会えるかもしれませんよ。

『ぼくの魔法の運動ぐつ』の主人公ウルフは豊かな家庭に育つ、ちょっと太めの男の子。悩みは運動神経がないのと憶病なこと。平均台はすぐ落っこちるし、にいちゃんにはやられっ放し。そんなウルフのあこがれは転校生のパーシー。度胸があって運動神経抜群。それというのもパーシーが履いているボロボロの運動ぐつのおかげらしい。

なんとかパーシーみたいになりたいと願うウルフは、その「魔法の運動ぐつ」と取り換えられるなら何だってあげちゃう。ようやく手に入れた運動ぐつは確かに魔法のくつだった。〈のろまのカタツムリ〉ウルフと〈悪ガキ〉パーシーの憎めないコンビが巻き起こす珍プレーがユーモラスに、時に切なく繰り広げられる。

ミヒャエル・エンデの新作『サンタ・クルスへの長い旅』の主人公ヘルマンは八歳。このところ世をすねていて、今日もいやいや学校へと向かう。ところが、どんどん空想が広がって、足はどんどん学校から離れていく。一日中歩き回って散々な日に遭ってよれよれで家に帰り着き、しかられる覚悟を

『ぼくの魔法の運動ぐつ』
ウルフ・スタルク　菱木晃子 訳
佑学社
【品切】

していると両親の様子がいつもと違う。そしてお父さんはこう言った。「だれだって、サンタ・クルスへ旅することはあるさ」と。この本を読んだ子もきっと自分の「サンタ・クルスへの旅」を思い出すことでしょう。

アメリカで一九九二年度のニューベリー賞を受賞した作品『さびしい犬』の主人公マーティは十一歳。夏休みのある日、一匹のビーグル犬に出合ったマーティは、飼い主に虐待されて逃げ出した犬をシャイローと名付けてかわいがり、家族にも隠して森の中にかくまう。犬を守るために次々うそをつかなければならず、苦境に陥ってゆくマーティ。でもマーティは必死になって犬の持ち主との取引を成功させ、堂々とシャイローを自分のものにする。三冊とも挿絵が個性的で、表情が生き生きとしている。（1993・8・19）

生きのいい海外作品
子どもの世界リズムよく

読書の秋も深まりましたが、恒例の読書世論調査の結果、今年は読まない子が中学生で五一パーセント、高校生で六一パーセントと、過去最高に達したという記事に悲しい思いです。でも気をとりなおして、とびきり新鮮な九〇年代の海外児童文学を三冊ご紹介します。

どの作品も現在を生きる子どもの姿をくっきりと浮かび上がらせています。それは何よりも文体の新しさに負うところが大きいように思われます。さまざまなメディアを通じて、子どもたちの身についているアップテンポのリズム、当意即妙なユーモア感覚、スピーディーな描写など、思わず体が動き出しそうです。

一冊目は、翻訳の少ないフランスの作品『ママが死んだ』。母子二人暮らしだった母親が死んで、施設に入るのを恐れたマルタンとその仲間たちは、白分たちの手で葬式をすませ、マルタンの一人暮らしを支えようと、とんでもない冒険を繰り広げる。仲間たちはそれぞれ家族環境も違い、悩みを抱えながらも力を尽くして困難に立ち向かう。

作者はテレビ、映画の監督で、この作品も最初はテレビドラマとして発表され、次いで映画化された台本を基に小説化された。それだけに、まるで映画を見ているようにイメージ豊かに展開して読みやすい。一昨年、日本でも上映された、少年少女が活躍するフランス映画の佳作「わんぱく離婚同盟」を彷彿させる。しゃれっけがあって、ホロリとさせられる味わい深い作品。

イギリスの『妖怪バンシーの本』は、読書好きな男の子ウィルの語りで始まる。ウィルは妹のエステルが〈妖怪バンシー〉に変身してから戦場となっ

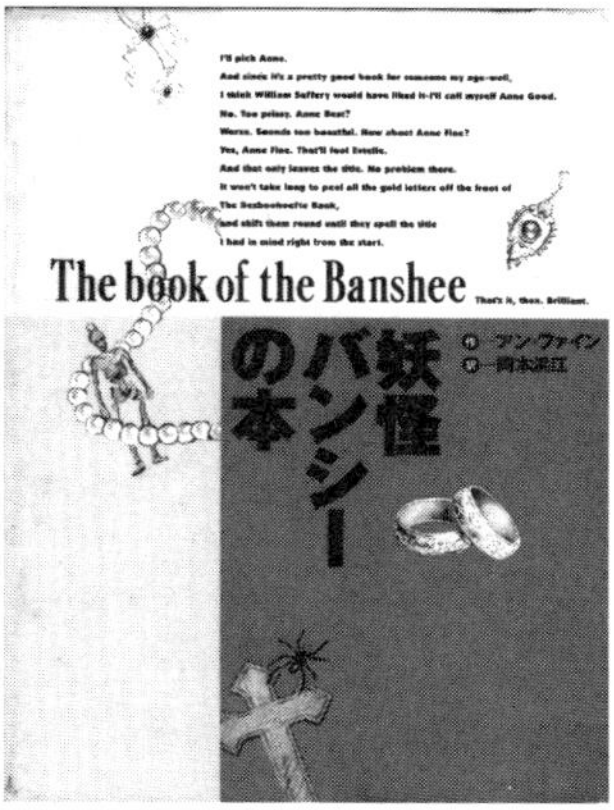

『妖怪バンシーの本』
アン・ファイン　岡本浜江 訳
講談社

てしまったフラワーズ家の惨状を忠実に書きとめておくことにした。それがこの本である。朗らかで素直でかわいらしかった子が、いつの間にか妖怪と化している、すなわち反抗期の子どもを敵に回して、ヘトヘトになっている親の姿を冷静に観察するウィルの視点と語りが新鮮で笑いを誘う。

アメリカからは『クレージー・マギーの伝説』。一九九一年度ニューベリー賞受賞のこの作品は、実にさわやかな印象を残してくれる。現代のアメリカでいまだ解決されていない重いテーマ、人種問題を扱いながら、いかなる偏見にもとらわれない無垢な少年クレージー・マギーを登場させることで、さらりとユーモラスに描き上げ、心にしみる作品となっている。

（1993・11・10）

新一年生ぜひ読んで
友との交流を生き生きと

四月、新学年が始まりました。新しい学校、新しいクラス、新しい友だち、すべてが心ウキウキの期待と胸ドキドキの不安でいっぱいでしょう。お家の方も内気なわが子にちゃんとお友だちができて、楽しくやっていけるかしらと心配なことと思います。

この時期、新一年生に真っ先におすすめしている本は『こんにちは、バネッサ』です。ネズミの女の子バネッサはとっても恥ずかしがり屋。学校では答えがわかっていても手を挙げられないし、「ともだちをつくるって、世界でいちばんおっかないこと」と思っています。お母さんは「ひとりぼっちの子のそばへいって、〈こんにちは〉っていえばいいのよ」というけれど、なかなかうまくいきません。

でもバネッサはとうとう思いきって手を挙げました。それからはすべてうまくいき、すてきな友だちもできました。柔らかな鉛筆画に淡いピンク一色だけを用いた挿絵に温かみがあり、子どもたちを元気づけ、励ましてくれる一冊です。

友だちを作るのは難しい、友だちでいるのもなかなか大変。新しい子どもの本から、友だちとの交流を描いた作品を紹介します。『ふたりはともだち』はイギリスの少し昔の話。下町の魚屋の娘リリーとお屋敷のお嬢さまローナの、短いけれど、子ども時代の忘れがたい思い出に残る触れ合いを描いた作品。低学年向きの簡素な文章ながら、当時の子どもたちの生活が生き生きと語られ、動きのある線描きの挿絵とあいまって、楽しい読み物となっています。

『こんにちは、バネッサ』
マージョリー・W・シャーマット 作
リリアン・ホーバン 絵
小杉佐恵子 訳
岩崎書店

友だちは同年代に限ったものではありません。時には大人と子どもの間にも友情は成りたちます。そんな美しい友情を描いた作品『エミリー』は、文章も絵も見事な珠玉の絵本です。アメリカの詩人、エミリー・ディキンソンは隠遁生活の中でも子どもたちとはいつも仲良しで、近所の子どもたちとのほほえましい触れ合いがあったとか。その事実をもとに、この物語が生まれました。

ヤングアダルト向きでは、エイズの問題を正面から取り上げた作品『その時が来るまで』があります。エイズ患者である友人への学校内外の無理解と差別に対し、自身も恐れ、迷いながらも、正しい知識を求め、勇気を持って、自分の気持ちに忠実に行動する主人公の少女に、若い読者はきっと共感を覚えるはずです。

（1994・4・13）

Ⅳ

大人と児童文学の新しい関係

『風の妖精たち』

『風の妖精たち』は一八五〇年生まれのイギリス・ヴィクトリア朝の女流作家メアリ・ド・モーガンの童話集から七篇を選んで、岩波少年文庫の一冊として発行された。

たがいに相手をこの世の何ものにもましていとおしく思っていた池と木。木がつれ去られた後、雲となって、はるばるあとを追い、雨となって、瀕死の木にふりそそいで、よみがえらせ、終生、木の根の下の暗闇にかくれひそんで木とともに生きる池の話など、いずれも幻想的で、繊細に、しかもあでやかに、崇高な愛をうたいあげている。八十年前に書かれたこの作品が今、なぜ、こんなにも、心を惹きつけるのだろう。この作品が出版された一九〇〇年といえば、ヨーロッパはアール・ヌーボーの波に洗われていた時代である。あとがきにもあるように、作者はウイリアム・モリス、バーン・ジョーンズ、ロセッティなどと親交があり、芸術的にも精神的にも時代の先端にあったと思われる。そうした時代の影響はやはり、この作品の中の色彩の描写に現れ、金色と緑と赤のあつかい、きらきらしたイメージ、また、リュシラのかろやかな踊り、蛇の動きなどの曲線のイメージも、同時代の絵画に通ずるものがある。

長く忘れられていたド・モーガンがイギリスでも幻想文学の復権とともに再評価されているとあるが、このたびの日本での刊行も、時機を得たものと言える。日本でも最近、アール・ヌーボーがもてはやされ、大人向けに「妖精文庫」が第一巻をマクドナルドの『リリス』をもって刊行されたりして、幻想文学が再評価されている。

『風の妖精たち』
メアリ・ド・モーガン　矢川澄子 訳
岩波書店

時代的にいっても、親交のあった人物からみてもモーガンがマクドナルドの影響を強く受けていて、同じ系譜に属しているように思われる。しかし、モーガンのほうが、もっと明るく、楽しい雰囲気を持っているのは、その作品がすべて、自分のではないが、まわりの子どもたちに向けて語られたものであったということからもうなずける。このように、昔話のような骨格のしっかりしたストーリーは、いつの時代も変わらず、子どもも大人をも、惹きつけるものを持っている。「マクドナルド童話集」は子どもたちによく読まれて、かくれたベストセラーである。

さし絵も物語の内容とその時代の雰囲気をよく表現していてすばらしい。ウオルター・クレインでなかったのが残念ではあるが。

さらに特筆すべきは、この作品が、訳者、矢川澄子さんの趣味と美意識にぴったり合っていて、水を得た魚のように、のびやかに、流れるような美しい文体で訳されていることである。古雅ともいえる言葉をたくみに用いて、それが内容にふさわしくむずかしさを感じない。さすがに『わたしのメルヘン散歩』を書いた矢川さんならではの感がある。

（1980・1）

『にぐるまひいて』

とうさん、かあさん、むすめ、むすこ、家中の者が一年間に作り育ててきたものの一切を荷車に詰め、牛のたづなを引いたとうさんは一人、丘を越え、谷をぬけ、小川をたどり農場や村をいくつも過ぎて、ポーツマスの市場に着きます。市場ですべてを（荷車や牛や牛のくびきやたづなまで！）売りつくしたとうさんは、そのお金で一家の必需品をそろえ、「なべのとってにぼうをとおしてかたにかつぎ、のこったかねをポケットにいれて」、てくてくと家への道を辿ります。そしてまた、新しい一年が始まります。たづなをあみ、くびきをけずり、羊の毛を刈り……。

自然とともに、四季とともに人があるということ、働くということ、生活するということ、そして大げさに言えば、まさに生きることとの原型が描かれていて、じっくりと胸に迫ります。

当時の手法を用いて、板にじかに描かれたというクーニーの絵は、素朴で温かい色彩と、とうさんの往き帰りの道を、道をはさんで両側の視点で描きわけるなど細部への心配りも確かで、楽しませてくれます。

現在、文明という錦の御旗に送られて毎日出勤する私たち。満員電車、人いきれ、窓外を流れる景色、そして、図書館へも押しよせるコンピュータシステム、働いた満足感は給料自動振り込みという利便に宙に浮く……はたして私たちは、「にぐるまひいて」暮らしていた、あのニュー・イングランド地方の一家の生活から、どれだけ「進歩」したと言えるのでしょう。「人びとの生活と自然のために」と記された題字が、そんな問いかけを静かにしているように思えます。

（１９８１・７）

『けわしい坂』

今年になって、たてつづけに二冊の翻訳が出た現代ソビエトの作家リハーノフの作品に強く惹かれた。このところ、子どもの本で印象に残る作品が少なかっただけに、久しぶりに良い作品に出合った満足感は大きかった。

作者の自伝的な作品『けわしい坂』には、標題作と、「音楽」との二つの物語がおさめられている。第二次大戦下、父の出征を見送った幼い男の子が出合う、さまざまな出来事、生きていく道にいく度も立ち向かわねばならない「けわしい坂」が描かれている。

学校は病院になり、せまく、暗い教室でろうそくをともし、ノートを使わないで古い新聞紙に書く生活、病院列車、どろぼう、飢えなどで知らされる戦争のきびしい現実はいやおうなしに幼い男の子の前に立ちはだかる。

作者はそれを、少し変わったところのある友だちや誠実な先生、夫の留守の間、病院で働きながら、けんめいに子どもを守る母たちの姿を男の子の視点でとらえて抑えた筆致で淡々と描いていく。その中でも、男の子はせいいっぱい自分なりの戦いに参加しようとする。友人と一緒に作ったタバコ入れを兵士の一人ひとりに手渡しに行った駅のホームで父に出会う感動的な場面。さらにケガをして一時帰宅中の父と一緒にスキーで「けわしい坂」を滑る練習を何度もくり返す場面も心に残る。

少年のみずみずしい感性をそのまま文章にしたようなしなやかな文体と、随所にキラリと光るさりげないユーモアといい、「彼は作家になったのではない、作家に生まれついたのだ」という評価もうなずける。

（1983・1）

大人と児童文学の新しい関係

図書館屋であり、本大好き人間、しかも「子どもの本は我が身内」と思っている私としては大人の雑誌が子どもの本の特集なんかしているともう絶対見逃せない。昨年の「海」の特集はなんとも古いセンスで期待はずれ。しばらくして、図書新聞の小さなコラムに「海」の特集より面白い少年文学を特集している「読書マガジン」の紹介が目についた。でもはじめてみる雑誌名であり、かなりマイナーそうな感じだったので、無精な私としては一大決心のもとに直接発行者から送ってもらって手に入れたのである。なるほど、それは「海」より数段ナウい私好みの特集が組まれていた。

ちなみに取り上げられた作品は「スマイラー少年の旅シリーズ」から「青春への誘い」まで「ときめく胸、熱い泪、——旅、革命、そして海——みんな楽しい冒険小説だ」に始まって「少年文学はお子様ランチではナイ！——研ぎ澄まされた世界」、そして「ぼくはもう、しあわせではなかった——少年の悲しみ」と訴求力のある見出しのもとに私たちが高く評価してきた児童文学が紹介されていてうれしくなってしまった。あの「本の雑誌」はなんたることか第一号だけで児童文学をとりあげるのに挫折しているというのに、よくがんばってくれていると拍手を送りたい気持ち。ヤングに期待すると同時にこの感覚をとり込んで、ヤングアダルトに迫っていかなければとファイトもわいてくるというもの。

さて、その中にあった、川本三郎氏へのインタビュー記事で、氏の著書『走れナフタリン少年』の紹介が触覚にふれて、さっそく読んでみた。この本ほど、その書名やカバーの絵が内容と合わないのも珍しい（くわしくは実物をどうぞ）。大人の読者を対象としながら主人公が少年であるという、童話でもないし、といって大人の小説ともいえない、分類不可能な不思議な小説群、名づけて「少年の物話」についての評論集である。著者は「少年」を「大人」の無垢なる形として連続の上にとらえるのではなく、むしろ「少年」とは大人にとって、わけのわからない「異物」「他者」なのではないか、あくまで見慣れぬ「周縁」であるととらえ、どこか遠くにいる他者としての「少年」となんとか「接触」しようと試みている。そしていまひとつのモチーフとして「物語」の楽しさを熱っぽく語って読者の共感を呼び起こす。自分の好きな作品について、いかにも楽しそうに明快な切り口で語られるので思わずひきこまれ、まだ読んでいなかった作品はどれもすぐにも読みたくなってしまう。さっそくリストを作り、所在を調べ、自分の館にある本から読みはじめた。

その一冊目がカルヴィーノの『木のぼり男爵』であった。『まっぷたつの子爵』、『不在の騎士』と並んで奇想天外な、大人のためのおとぎ話三部作の二番目の作品である。『まっぷたつの子爵』では人間の善と悪を、そして『木のぼり男爵』では人間のさまざまな執念をとりあげた、うんぬんなど真面目な解説がバカらしくなるほど、徹底的に面白い空想物語である。

ある日、森の中の木に登ってしまい、とうとう一生涯、木から降りてこなくなった少年の物語である。地上の賢者として生きるより樹上の愚者として生きることで、人間社会のしがらみから解放され、社会の中の見捨てられた人間、異端視されている人間とも接触できた。山賊に読書の楽しさを教えてやり、本にのめりこんだために捕った山賊のために牢の窓ごしに本を読んでやるエピソードなど思わずふき出してしまった。トルストイの『戦争と平和』やナポレオンも登場し、十八世紀末の文学や思想のパロディーもそこここにちりばめられていて飽きさせない。とにかくすごいケッサク、会う人ごとにおすすめしてうるさがられながら、ついにここにまで書いてしまったというわけ。

ついでだからもう一冊、コジンスキーの『異端の鳥』もおすすめしちゃおう！

第二次大戦中、六歳の少年が両親から離れ古い困習の支配する異国の村々を転々としながら、一羽だけ色塗られた「異端の鳥」として迫害され、ついにはおしにされてしまう残酷このうえない物語である。まだ遠くない現代の話、しかも作者の自伝とさえ思われるこの作品世界がまるで、中世のボッシュやブリューゲルの世界を思わせるのは驚くべきものがある。中世を描いた最近の児童文学『荒野に生きる詩』など、この作品の前では色あせてしまう。しかしそこが児童文学の守るべき限界とも考えられるが。コジンスキーの経歴も強烈で忘れがたく、『預言者』（映画〃チャンス〃の原作）を読み、「レッズ」に主演したと耳にし、キネ旬をあさり、「主夫と生活」（マイク・マクレディ）の中で、主人公がコジンスキーの小説を読みたいとの文章を見つけて、一人、ニンマリとしているというていたらく。

この原稿を書きかけている時、またもあの悪評高い新潮社の「45＋」でさえ、「大人のための童話」なんぞを特集して、「中年男こそ児童文学を読むべきだ」なんて書いてあるのを読んで、ちょっと流れが変わるのでは……と考えているところです。もうおわりにしなくちゃ、くだらないおしゃべりでごめんなさい。

（1983・11）

特集　1994年をふりかえって
ヤングアダルト

一般室のカウンター前で制服の女子高生二人が、さきほどからウロウロして、新刊案内を遡って繰ったりしている（ちなみに我館はまだ電算化されていなくて、利用者端末などない）。こちらから尋ねると「作者はわからないけどビリー何とかという本」を探しているとのこと。「それだったら『24人のビリー・ミリガン』のことね、今はまだ予約が多いから、予約の申し込みをしてね。でも『アルジャーノンに花束を』はもう読んだの？　まだだったらこれを先に読んだら、『五番目のサリー』もついでにどう？」などと、またしても押し付けおばさんをしてしまった。

イントロが長過ぎたが言いたいことは、ダニエル・キイスの本がヤングアダルトの間で根強い人気を保っていること。ついに『ダニエル・キイス読本』さえ、出てしまった。多重人格ものが売れているらしいが、アイデンティティ・クライシスを抱えるヤングアダルトには、自己分裂の不安と多重人格とが重って感じられるのかもしれない。

昨年は一般書のフィクションの中でヤングアダルト向きの秀作が多かった。中でも思春期の少年の内面をイメージ豊かに表現し、その成長をやさしく繊細に描写した『シェルター』は出色の作品。著者モンテ・メリックは脚本家だけあって、映像的処理とテンポの早い展開は、現代の若者の感性にマッチする。

現代の文学は映像との関連抜きには語れない。オリジナルな脚本を創作し、新しい脚本家を育てるよりリスクの小さい、文学作品の映画化のほうを取る傾向が増えているという映画界の事情もあるのだろう。「映画が先か本が先か」はいつも迷うところだが、映画からでも本にたどりついてくれればありがたい。願わくは本の良さをじっくり味ってくれるといいんだけど。

弟役のディカプリオの熱演と知恵遅れの弟と巨体の母親の面倒を見るけなげな兄のさわやかさに泣いた映画の原作『ギルバート・グレイプ』（ピーター・ヘッジズ）、アイルランドのダブリンに住む子だくさんの一家のテンヤワンヤを描いた連作の一冊『スナッパー』（ロディ・ドイル）など、本も映画も受けている。『シンドラーズ・リスト』（トマス・キニーリー）もスピルバーグの大変わかりやすい見事な映画化とアカデミー賞総ナメの効果で、知る人ぞ知る存在だった文庫本が題名を変えて再版され多くの人々に読まれた。

マンハッタンの下町のボロアパートの地下室にひとりぼっちで閉じ込められた子ども時代から、ピアノの才能を花開かせていく少年のサクセス・ストーリー『マンハッタン物語』（フランク・コンロイ）も映画化が近いとか。現代の子どもたちの多様な興味に沿って、映像、音楽、ゲーム等他のメディアとの関連をうまく利用して本をすすめていく必要があるだろう。

『スナッパー』は父親の名を明かさないまま未婚の母になろうとする娘を囲んで一家が大騒動する話だが、同じく未婚のまま子どもを生もうとする若い二人とその両親をめぐる佳作は、『ディアノーバディ』（バーリー・ドハティ）。それぞれに雰囲気は異なるが若い人たちの性の問題と将来の人生設計とを真剣に問いかける作品となっている。

ドハティの前作『シェフィールドを発つ日』は児童書として出版されたが

この作品は一般書として出された。この方がヤングアダルトの手に取りやすいようである。

アメリカの一九五〇年代を舞台にして、成長期にある少年、少女の心の奥深くまで透視し、微妙な心理の動きを掬いあげた二作、『世界で一番大切だった場所』（マイルス・ウルフ）、『ケイティの夏』（エリザベス・バーグ）は、良き時代のアメリカのノスタルジックな雰囲気と乾いたユーモアとともに、すがすがしい読後感をもたらしてくれる。

（1995・3）

ひろば　感動の輪、広がる
――中村妙子さんを迎えて――

三月、雛の月。図書館のカウンターには折りびなが並んでいます。そんな三月二日・三日の二日にわたって、中村妙子さんを囲む会を持ちました。

二日は『シェルシーカーズ』の作者ロザムンド・ピルチャーの作品を語る読書会でした。そもそもこのような会が実現したきっかけは、一枚の読者カードからでした。一昨年のこと『シェルシーカーズ』に感動のあまり、読者カードを出した私に中村さんが返事をくださったのです。すっかり舞い上がった私は「スマイラー少年の旅」『おやすみなさいトムさん』など、心に残る優れた児童文学作品を数多く訳してくださっている中村さんへまたまた、熱烈ファンレターを差し上げて来名の約束を取り付けました。一方、『シェルシーカーズ』は友人たちにすすめ、姉に送り、図書館の利用者に押し付けました。すると、読んだ人がまた周りの人にすすめて、感動の輪はどんどん広がっていきました。当日は大人の女たちが、作品の主人公への共感、作者ピルチャーへの関心、そして訳者中村妙子さんへの期待で目を輝かせていました。小さな出版社ゆえ宣伝もままならず、ほとんど話題にもならなかった作品だったけれど、まさに口コミで読者が増えていく様子が実感できました。

さて三日は、せっかく名古屋へきていただいたのだからと、児童図書館研究会愛知支部でも講演会を企画しました。さすがに児童図書館員にとって中村妙子さんの知名度は高く、予想以上の集まりになりました。

なんといっても私たち図書館員にとっては、中村妙子訳というのは絶対安心ブランドなのですものね。中村さんは七十歳を過ぎた今の方が雑事がなくなって仕事に集中できるとおっしゃって精力的に翻訳をすすめておられるとのことです。幼年児童文学の新しいシリーズのお話もあり、楽しみです。中村さんご自身の子ども時代、牧師館の小部屋で「千夜一夜」を読み耽った姿が、ファージョンのあの「本の小部屋」の背中を丸めて読みふける少女の姿と重なって見えました。こうした豊富な読書体験が翻訳の道を選ばせたのかもしれません。子どもの本を訳す時の方が言葉を選ぶのがむずかしいこと。動植物の名前に始まって、その生態まで下調べもたいへんなこと。訳した文章は必ず声に出してみる。ご自分が原書を読んでいて早く先が知りたいと思うような作品を訳すことにしている。などなど、翻訳への真摯な姿勢がうかがえました。私たちは翻訳者があってはじめて外国文学を楽しみ、味わうことができるわけで、足を向けては寝られません。

（１９９７・３）

運命的な出会い

私にとって〝運命的な出会い〟の一冊、それは『アルプスのきょうだい』（ゼリナー・ヘンツ文　アロワ・カリジェ画）です。戦後のまだ貧しかった時代、岐阜の片田舎の小さな学校の図書室にも、当時創刊された岩波子どもの本が、一年ほど遅れながらも入っていたのでしょう。小学校の三年生の頃、読んでいたはずなのです。というのは、その本のことはすっかり忘れていたのです。再び出会ったのは、図書館員になって二年目、はじめて児童室の担当となり、子どもの本を片端から読みはじめた時でした。

『アルプスのきょうだい』の中に描かれた大きなすず（カウ・ベル）、そしてラストシーンのウルスリが父さん母さんと一緒に食卓を囲んで山盛りのゆでぐりにクリームをたっぷりかけて食べている場面が鮮明に十数年前の記憶をよみがえらせてくれました。「わあ！この絵見たことがある。なつかしい！」と本を抱えこんでいました。記憶の引出しの奥深くにしまい込まれていたのは、ストーリーではなく、好きな場面の画像が焼きついていたのが不思議でした。カリジェの描くゴツゴツした素朴で力強い線、暖かい色づかい、アルプスの子どもたちの日常生活を生き生きと物語る絵の迫力に、あらためて気づかされました。

子どもはその時受けた感動をすぐにことばで表現できないけれども、その絵の力は確実に子どもの感性に影響を与え、美意識を育てていくものだということが、自らの体験から実感として、納得ができ、子どもたちに本物を美しい物を手渡していくことに確信を持つことができました。

こうして内なる絵と再びめぐりあって以来二十年近く、さまざまな絵本との出会いに胸躍らせ、ただただ楽しんできました。そんな私の目からうろこを落とし、絵本の見方をより深めてくれたのは、『絵本を読む』（松居直）でした。それまでにも松居氏の『絵本とは何か』『絵本を見る眼』の二冊からは、多くのことを教わり、絵本の世界にわけ入る案内書でもありました。その後に出版された『絵本を読む』を読んだ時は、目の前に一本の道が拓けていくような知的興奮を覚えました。一冊の絵本を読むという行為をどこまで深めることができるか、そして一冊の絵本からどれほど豊かに読みとることができるかを見事に解き明かしてくれています、絵本を読むことが逆にこちらの感性を試されることでもあるというおそろしさを感じながら、迷うたびにいつも、この本に立ち返って目を養っています。

（１９９８・６）

映画の中の図書館　PART 2

以前、この館友誌上に、映画の中に出てくる図書館のことが書かれていたのをご記憶のことと存じますが、このたび、私めが当館長の跡目を継ぎまして、そのPART2を勤めさせていただくことに相なりました。

そうなのです、PART2ができるほどに今、図書館は映画界ではトレンディなのです。洋画だけでなく、邦画やテレビドラマにさえ登場するようになったのですよ。

最新作の「心の旅」にもニューヨークの図書館が出てきます。クラシックな閲覧室で、スタンドの照明が暖かい感じで良かったけれど、映画がひどかった。ハリソン・フォードもすっかりおじさんでがっかりでした。

ニューヨークの図書館といえば、「ソフィーの選択」の冒頭で、アウシュビッツを生き延び、アメリカへ来たばかりのソフィーが、目録でディッケンズとディッキンソンを間違えるシーンがあり、ビンの底のような眼鏡の図書館員（男）に冷たくされていましたね。ディッキンソンの詩がラストシーンにも出てきて、伏線になっていたわけかな……。

もうひとつ、ニール・サイモンの私小説的映画、「第2章」でも主人公の二人が出会う場所がニューヨークの図書館だったのです。図書館での出会いもあれば、図書館で浮気がばれることもあります。こちらは、「殺したいほどアイラブユー」。ローレンス・カスダン監督、ケビン・クライン、ウイリアム・ハート出演ときては、大いに期待したのに、肩すかし、一寸おふざけしてみただけなのかしら。

さて、さすがアメリカ、都会だけでなく田舎の図書館もちゃんと出てきます。「トップレディは赤ちゃんがお好き」では、バーモントの田舎町の古い小さな図書館で、サム・シェパードとダイアン・キートンが再会するんだけど、これがなんともアットホームな雰囲気で素敵。やっぱり、カウボーイのシェパードには田舎が似合います。

「アイリスへの手紙」でも、地方の町の図書館のきめ細かいサービスの一端がうかがえます。ロバート・デ・ニーロが演じる文盲の主人公が字を教わることになり、まず行ったのが図書館で、識字教材のセットを借りていました。まるで国際識字年の協賛映画みたいでしたが、デ・ニーロはやっぱりお上手！　おじさんになっても許せます。

中西部の都市、クリーブランドの図書館は「メジャーリーグ」に登場。トム・ベレンジャー扮するマイナーリーグのベテラン・キャッチャーが、司書の恋人に『白鯨』くらい読め、と言われて、コミック版で読んだりして笑わせてくれます。同じベテラン・キャッチャーを演った「さよならゲーム」のケビン・コスナーはスーザン・ソンタグなどを読んでるのにね。まあ、どちらの作品もウェルメイドでおすすめですけど。

西海岸に達して、サンフランシスコの図書館は「ファール・プレイ」に。若いころのゴールディ・ホーンが司書の役、シースルーのセクシーなワンピース姿にカルチャーショックを受けたものです。

あら、アメリカだけで紙数が尽きてしまいました。機会がありましたら、ヨーロッパ編を、乞うご期待！

（1991・12）

誕生日を迎える子へ

「誕生日プレゼントに本を贈りたいのですが、どんな本がよいでしょうか」という質問をよく受けます。ところが実際、これには困ってしまいます。「そのお子さんは何歳ですか？　男の子？　女の子？　どんなことに興味をもってるのですか？　よく本を読む方ですか？　いままでに気にいっている本はなんですか？」などなど、しつこく問いなおしてようやく見当をつけます。

誕生日に贈る本は本来、なんでもあり、なわけで、それは辞書、図鑑から飛びだす絵本に至るまで、贈られる子が今、求めている内容にぴったり合った本がいちばんよろこばれるはずです。もっともわが家の子どもたちのように「誕生日プレゼントに本だけはいやだよ」と事前に宣言されてしまっては、なすすべもありませんが。

ここでは、まず誕生日を迎えた子どもが登場する本を選んでみました。主人公とともにワクワクとしたうれしい気分をもりあげてもらえれば幸いです。そして成長のよろこびを家族とともにじっくりと味えるような本もご紹介したいと思います。

特別な誕生日を迎えた女の子のお話は『パディーの黄金のつぼ』（ディック・キング=スミス）、百七十四歳になる妖精レプラコーンのパディーと八歳の人間の女の子ブリジッドが友だちになれたのは、四つの条件がそろったからなのです。その一はアイルランドに住んでいなくてはならない。その二、ひとりっ子でなければならない。その三、誕生日でなければならない。その四、かたっぽの長ぐつに穴がひとつあいてなければならない。この四つが全部そろったときだけ、レプラコーンが見えるというわけ。めったにあるもんじゃありません。

やはり妖精が出てくるお話『ようせいティキのおくりもの』（リン・リード・バンクス）では、そもそも妖精ティキがなけなしの魔法をかき集めてプレゼントしたのが女の赤ちゃんビンディなのです。ビンディは毎年の誕生日におかあさん妖精のティキから一本のバラを贈られます。それはふつうのバラではなく、一年間枯れなかったり、ふると楽しげな音が出たり、ある年のバラは風船になったり、またある年のはトゲをはじくとバラがお話をしてくれたりしました。けれども八歳の誕生日を迎えた朝、まっさきに庭に出たビンディが見つけたのは、つぼみのまま黒く枯れたバラでした。なにかよくないことが起こっているにちがいありません。ドキドキハラハラ、こわいけれど、ふしぎで楽しいお話。

なんといっても誕生日にうれしいのはプレゼントとパーティーですよね。チムは誕生日の前の日、まくらの下からふしぎな手紙を見つけました、★や▲や■などが書いてあって暗号のようです。その印をたどっていったチムはすばらしいものを手にいれました。本全体が★▲などのしかけになっていて楽しめる絵本は『たんじょうびのふしぎなてがみ』（エリック・カール作／絵）。

同じく絵本で『ピーターのてがみ』（エズラ・ジャック・キーツ文／絵）はおたんじょう会の招待状という特別な手紙を書いて、雨のなか、それを出しにいった男の子のお話。はじめて女の子を招待した男の子の期待と不安がコラージュを用いたシンプルな絵であざやかに描かれています。

子どもは自分の生まれたときの話を聞くのが大好きです。そして子ども自身の記憶にない時代のことを話してあげるのはとても大切なことであり、それこそが家族の絆であり、誕生日のなによりのプレゼントになるでしょう。今、子どもたちに人気の「おさるのシリーズ」の一冊『おさるになるひ』（いとうひろし作／絵）は、こんどおさるに弟か妹が生まれることになって、おさるはいろいろ考えます。「ぼくは生まれた時のことを何もおぼえていない、ほんとうにお母さんから生まれたんだろうか」。ある日、お母さんはおさるが生まれた日のことを話してくれました。そしておさるも生まれてくる赤ちゃんのために、赤ちゃんが大きくなって困らないように、小さいときのことをしっかり覚えていてあげようと思いました。

最後に究極のプレゼントの本、世界に一冊だけの手づくりの本はいかがでしょう。『しんすけくん』（谷川俊太郎文　大久保千広写真）のような本を誕生日を迎えた子を主人公にしてつくってみませんか。本人や家族、友だちの写真、好きなおもちゃ、ある日のお弁当の写真なども、それに生まれた日の新聞、描いた絵などを組み合わせて最高の傑作をものにして贈ってあげましょう。

（1995・12）

V

我が家のお宝

見てから読んだ、ジャクリーヌ・デュ・プレ

読んでから見るか、見てから読むか相変わらず悩めるところ。たいていは読んでから見ることになって、映画に失望することが多いが、今回は、珍しく映画が先になった。

イギリス映画「ほんとうのジャクリーヌ・デュ・プレ」は、イギリスが生んだ天才チェリストの伝記映画。ジャクリーヌに扮するのはエミリー・ワトソン。若いけれどたいへんな演技派。数年前にみた「奇跡の海」での、精神を病んでいくナイーブな女性の演技は、忘れられない。

この映画でも感情の起伏の激しい芸術家を迫真の演技。友人に言わせるとイタコ的演技で演じている。

以前テレビで見た、デュ・プレのドキュメンタリーの感動を新たにした。バレンボイムに扮した俳優も、イギリス映画ではよく見掛けるくせのある顔がぴったり。なまりのあるせりふすらそれらしい。それにしても、あのドキュメンタリーでの、若きデュ・プレ、バレンボイム、パールマン、ズッカーマン、メータの楽しげな様子はすてきだった。

なのに、デュ・プレは若くして治療法もない不治の病「多発性硬化症」にかかり楽壇から姿を消し、四十二歳でなくなる。幼いころから天才の名をほしいままにし、抜群のテクニックと成熟した表現力で、短い活動期間にもかかわらず、今も、録音で聴くことができる。

映画の原作は、姉のヒラリーと弟のピアスによって書かれた『風のジャクリーヌ　ある真実の物語』。ヒラリーも、幼いころから音楽の才能に秀で、フルートの演奏家だったが、妹の巨大な才能の陰に隠れてしまった。ピアスは

『風のジャクリーヌ　ある真実の物語』
ヒラリー＆ピアス・デュ・プレ　高月園子 訳
ショパン

あえて音楽を選ぶことはなかった。

ヒラリーは、夫と子どもたちと一緒の田園生活にしあわせを見いだす。しかし、チェロひとすじに生きてきて、過密なスケジュール、夫バレンボイムとの相克に疲れ、心身のバランスを崩すジャクリーヌ。いつも、家族皆でジャクリーヌをささえてきたヒラリーは、自分の夫さえジャクリーヌに与えてしまう。社会的モラルさえ超越する天才に、家族は翻弄される。

この本の最後のヒラリーが引用する言葉が印象に残る。「どの夫婦も子供は最低三人はもうけるべきだ。なぜなら、もしそのうちのひとりが天才ならその天才をサポートする人がふたりは必要だからである」なるほど！

ヒラリーは終始夫に対し理解を示しているが、訳者は、実際に会ったヒラリーの夫に悪感情を抱いたことが気になった。映画の解釈とはずれがある。

以来、私はデュ・プレのＣＤを買い込んで毎晩聴いている。

（２０００・５）

『だれが石を投げたのか？』

この物語の語り手であり主人公のトーマスは十五歳。足が不自由で松葉杖なしでは歩けない。

頭が良いだけに、プライドが高く、いつも自分の足のことばかり考え、自分だけが辛い思いをしているんだと自分を哀れんでいる。

トーマスの家族も今はバラバラに心が離れてしまっている。父は有名な建築家となり、家を空けることが多い。新しい恋人もできたようだ。母はヒステリック、やさしさのかけらもない。姉のエリーザベトはトーマスのことをよく理解し気にかけてくれるが、もう十八歳で自分のことで忙しい。四歳下の弟フリーダーはおとなしく、女の子のように美しい子だが成績が悪く母に叱られるたびにどんどん萎縮してしまっている。いちばん下の双子の妹たちは母のお気に入りで、ただただかわいらしく、気ままに二人だけの世界を作っている。トーマスの目から見ると家族はこんな風に見え、心は冷えていくばかり。

弟のフリーダーは植物が好きでトーマスのために花を植えてくれるが、ある日、落第を気に病んで自殺してしまう。

トーマスは弟に手を差しのべられなかった自分を責めながらも、父や母のせいにし母を責め、父をなじった。それでもトーマスの悲しみと怒りは消えない。友だちのスージーはトーマスにはっきりと告げる。「思い切って言うわ。あんたの責任は少くともお母さんと同じくらい大きいのよ。……あんたはいつも自分の足のことばかり考えていた。……あんたはお母さんを自分の責任のがれに利用しているんだわ。自分のやましさを自覚せずにすむもの」

『だれが石を投げたのか？』
ミリアム・プレスラー　松沢あさか 訳
さ・え・ら書房

と。
トーマスはようやく気づく、自分もフリーダーに投げられた多くの石のひとつを投げたのだと。フリーダーよ、おまえに当たった、その石を投げたのは誰なのだ？

身体に障害を持つ子どもの心の動き。家族の中でさえひとりぼっちでだんだん追いつめられていく子どもの存在。家族のわずらわしさから逃げようとする父親。問題を抱える子どもと一緒にとり残された母親の不安定な心理。どれをとっても一つひとつが重い事柄をこれだけ複雑に編み込んでいながら、少ない枚数で平易でわかりやすい文体で簡潔に描かれている。

しかも登場人物一人ひとりのキャラクターがきわだっている。類型的、平面的なとらえ方ではなく、父親・母親像も同じ親の立場でみて、大変リアリティーがあり、説得力があって、作品に厚味を与えていると思われる。

両親、兄弟との強い緊張関係を強いられている主人公にとって、無心になって飛び込んでいけ、唯一心を休めることができる存在として、曾祖父の存在がある。曾祖父はこの作品の中で必ずしも不可欠な存在とは思えないが、このエピソードがあることで登場人物にも読者にもどれだけ救いになっていることか。

同じく、プレスラーの作品『夜の少年』では、主人公の少年ヘルベルトは、唯一の理解者となり、愛しあえたかもしれない老女クロナヴィッター夫人の手、やさしく頬にふれる手さえ、懲罰としか感じられなく、反射的に身を守ろうとナイフで老女を突き刺してしまう。不幸な二人の出会いは、一瞬の交差のあと破局をむかえるしかなかった。眼鏡ネズミとあだ名され、専制的で高圧的な父と洞察力のない母のもとで愛に飢え、うっせきした怒りと思春期の性のはけ口を、ナイフで他人の車を傷つけることに見つけた少年と、たまたまそれを目撃した老女の過酷な人生のフラッシュバックとが交互に平行して語られてゆく。過去に自分の子どもを非情な夫から守り切れなかった償いに少年に心を寄せ、手を差しのべようとする老女の思いに切実さがあるだけに、すれちがってしまう結末は辛い。あまりの救いのなさに、読むのが辛かった。いったいこの本は誰が読むの?と言う人もいた。しかし、児童文学でありながら大人の世界もきっちり描かれ、現実をしっかりとらえ、社会の暗部を見据え、的確に描写されたこの作品は実に読みごたえがある。しかもオープンエンディングであることで、大人への抗議の姿勢をより強く感じる。

プレスラーは最近いちばん注目されているドイツの作家であり、拒食症の少女が今あるがままの自分を信頼し、少しずつ心の飢餓を癒していく様を描いた『ビターチョコレート』は一九八〇年度の〈オルラングルグ児童図書賞〉を、『だれが石を投げたのか?』ではチューリッヒ児童文学賞を受賞している。

新作の翻訳が待たれる。

（２０００・５）

『地図は語る』

地図とは不思議なもの。あくまで現実のミニチュアとして、機能一辺倒という面を持ちながら、同時に人のイメージを喚起させずにはおかない魔力を秘めたものでもある。ある人は〝管理社会の地理学的表現〟と呼び、ある人は〝限りないロマンの旅〟と呼ぶ地図。この本はそんな地図の持つ二面性をさりげなく語っている。

著者は、少年の頃から地図に魅せられ、学校の授業の退屈をまぎらすため、せっせと五十万分の一や、百万分の一の地図を編集する作業に没頭していた。ということだが、そんな著者の、地図への思い入れと、読者に、なんとか地図の魅力をわかってほしいとする願いがひしひしと伝わってくる。

地図の魅力を語る。そのために著者のとった方法は、きわめて賢明であるといえる。等高線、縮尺、記号、三角点など、とかく知識の羅列に堕《だ》しがちな諸々の解説や技術的な事柄を極力さけ、もっぱら地図の美、地図から浮かぶイマジネーション、地図から読めるさまざまな歴史、風土など、地図を見る楽しさ、あるいは地図が開いてくれる新しい世界を紹介することに紙数を費している。しかし、対象を意識してか、おじさんとアッシ君との対話で進められているのが、時には不自然で、モタつきがちなのが残念である。

それともうひとつ、この本の特色となっているのは、地図を語りながら、一枚の地図を超えた、もっと広い場へと読者を誘う力を持っているということである。地図を読む、イメージをふくらます、現地を訪れる、というひとつの行動のパターンを通して、読者はイメージし、推理し、発見することの喜びを、著者とともに体験するはずである。適切な位置に挿入されている数葉の写真と地図がそんな読者の有力な案内人の役を果たしてくれる。「旅とは風景を創り出すことだ——そして、地図はそのためになくてはならない手がかりだ」といった言葉にみられるように、手作りによる創造的な旅を楽しもうとする著者の姿勢は、充分に読者の共感を得るものとなっている。

ノンフィクションの本では、その正確さ、的確さ、わかりやすさが重要ではあるが、それに加えて、著者の哲学、すなわち著者がその事象をどう受けとめ、どう感じているかが表出されていることも大切なことだと思われる。この本にはそれがあり、読ませる力を持っている。

カニグズバーグばんざい！

カニグズバーグに出会ってから、かれこれ十年になります。一九六九年『クローディアの秘密』を読んで以来、ずっと、ファンなのです。とにかく好きで、尊敬しちゃっているのです。

頭の良さでは及びもつかないけれど、せめて、あの絵と、ユーモアのセンスにはあやかりたいと思っています（あつかましくも）。

まさに、新しい児童文学、七〇年代の児童文学と言えるでしょう。

気のきいたせりふ、ユーモアたっぷりの子ども語、頭の良さを感じさせる着想の数々。今回の課題である、『ぼくと（ジョージ）』を短く紹介するだけでは、もったいないくもおそれおおいのです。この際、熱烈なファンの心情を吐露させてください。

さて、「ジョージ」は、待ちに待った本でした。二年前に原書を借りたところ、くやしくも、手も足も出ず、たださし絵をながめただけ、やっぱり、松永ふみ子さんの訳でなくてはね。

「ジョージ」は一九七〇年のアメリカの青少年をとりまくあらゆる問題（ただしセックスは除いてある）をとりあげながら、従来の彼女のテーマを効果的な手段で描ききっている、最高の作品だと思います。

成長期にある、特に過敏な子どもの内面の葛藤を二つの人格に分けて、しかも破綻なく描いた手腕はみごとというほかありません。

彼女は、これまでの作品を通して、子どもが大人になる過程での自己（アイデンティティ）の確立を描いています。そして、その自己とは、現代生活の恐ろしい画一性と戦って勝ちとる自己、頭の中に自分で刻み目をつけた自分だけのものさしを持った自己なのです。現代の都会に住む子どもたちには、もはや、あのローラのような、自然の脅威も、経済的な困難もありません。しかし、それだけに内面の不安は大きいのでしょう。

そういった意味で、カニグズバーグは、現在生きている子どもの物語をリアルに描いている作家であるといえます。このあたりは、彼女自身のことば「ニューベリー賞受賞に際して」「スプレッツァトウラ、練達の一形式について」「架空インタビュー」等に書かれています。またこれらの文章がすてきにかっこいいのです。おもしろいのです。

そしてまた、子どもがよく描かれているだけでなく、どの作品にもカニグズバーグの考えを代弁する大人が魅力的に描かれています。

「クローディア」のフランクワイラー夫人、『ロールパン・チームの作戦』の中でのプレイボーイ誌に関するベッシーの態度に共感します。そして機会あるごとに、大人の利用者にしつこくすすめているのです。

もうひとつの彼女の特徴といえるユーモアのセンスがどの作品でも大いに楽しませてくれます。

「クローディア」では弟のジェイミーの言動が、「ジョージ」でも弟のハワードとのやりとり、とくに二人で車に乗って行く所など……。

この姿勢がカニグズバーグ自身が言うところの〝スプレッツァトウラ〟(絶対にどんなことがあっても、中の歯車を見せてはならず、なにげなく、気やすく、軽く見せるという練達)であり、彼女の作品がひと味ちがったものとなっているひとつの要素でしょう。

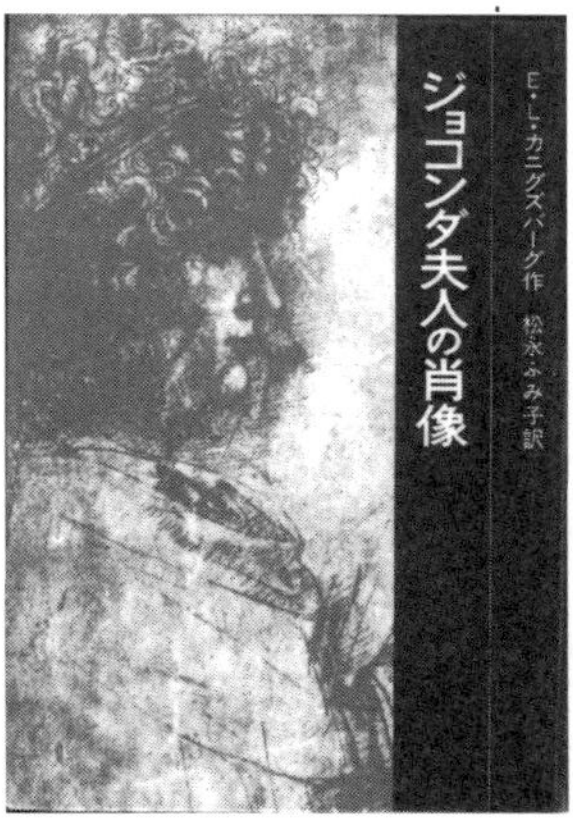

『ジョコンダ夫人の肖像』
イレーヌ・L・カニグズバーグ　松永ふみ子 訳
岩波書店

そうした、彼女の持つテーマと表現方法について、彼女自身が語っているのが『ジョコンダ夫人の肖像』です。この作品では作中の人物が、物語の中で生き生きと動いてというよりも、カニグズバーグの声がいつも聞こえてくるような気がします。

年代的にもごく最近の作品であり、その後の作品について何も情報が得られないのですが、これを書いてしまったら、後はどんなふうに展開してゆくのだろう。それとも、まったく新しいテーマと方法を見つけだすのかしらと新しい作品の翻訳が待たれます。

ともかく彼女は、レオナルドの「最後の晩さん」の複製をみて、「おかんじょうはべつべつにおねがいいたします」と副題をつけ、本ものの前に立って、それを思い出して舌を噛んでしまいたいと思える人なのです。

カニグズバーグばんざい!!

同士よ集まれ!!

休暇物語の今、むかし

夏休み、真っただ中。児童文学には長い休暇の間の非日常的体験を経て成長する子どもを描いた作品は数えきれないほどあり、休暇物語というジャンルで括ることができる。

休暇物語のしにせといえば、何といってもアーサー・ランサムの『ツバメ号とアマゾン号』のシリーズ。しかし、このシリーズも今や一部の大人の熱狂的ファンはいても、現実の子どもたちにはほとんど手に取られることなく、書架でホコリをかぶっている。

イギリスの休暇物語もランサムから遙か隔った今日では大きく様変りしている。

ランサムが描いた一九三〇年代では登場する子どもたちは皆、中産階級である。彼らは長い休暇中、家族とともに湖水地方のコテジを借りて過ごし、大人たちの寛大な保護と協力のもとで子どもたちだけのキャンプやセイリングなど自由でスケールの大きな遊びに明け暮れることができた。そこではどんな大冒険に乗り出そうとも最終的には安全が保障されているという大人への信頼感があった。

一九九〇年代の作品では、子どもたちにとって夏休みを手ばなしで喜んでいられる時代ではなくなってきている。

カーネギー賞受賞のジャン・マーク作『夏・みじかくて長い旅』の主人公の少女エリカは本人の意志にかかわりなくむりやり田舎のおばさんの家に預けられる。バイクの魅力にとりつかれ、メカニック（修理工）になりたいエリカにとって、価値観のまったく違うおばさんやいとこの毎日はやりきれない。

『夏・みじかくて長い旅』
ジャン・マーク　百々佑利子 訳
金の星社
【品切】

土地のバイク修理屋との出会いでエリカの夏休みも忘れられないものとなるのだが。

今夏の新しい作品『わんぱく四人姉妹物語1　夏休みは大さわぎ』の主人公四人姉妹も、思いがけない家の改築が始まり、ひと夏カンブリアの田舎に住むデカばあちゃんの家へ追いやられる。

日ごろから、しつけというものがなっちゃいない、ひとくせありの個性派四人姉妹をこの際、徹底的に鍛え直そうとデカばあちゃんもはりきって待っていた。

そんな四人に唯一共通するのは本好きなこと。本がなくては夜も日もない。なのに、おばあちゃんの家にはシェイクスピアと料理の本だけ。「本なんか読んでる暇はないよ」とばかりに、デカばあちゃんにビシバシしごかれるうちに、いつのまにか四人それぞれに、この夏休みを楽しんでいた。長女のルースは羊の頭蓋骨コレクション、次女のネオミは野菜づくり、レイチェルは「夏休みの日記」書き、末っ子フィービはバケツ釣りに熱中した。近所の人々とも友だちになり、おばあちゃんとも打ちとけ合えた。なごりを惜しんで最後の日を迎えた。それにしても本がないのが解せない四人は、家さがしして、ついに、本の小部屋を見つけた。真夜中、そこへもぐり込んだ四人は本・本・本に埋もれて幸せな時を過ごすが、その後、大変なことが……。

個性豊かな四人姉妹同士の、そして周りの人々との丁々発止のやりとりがユーモラスに描かれる。テンポも早いはずなのに、訳がこなれていなくてもたつくのが残念。

我が家のお宝

本が大好き。バッグの中に本がないとパニックに陥る。残り少ない本のときは予備をもう一冊、というわけで大きなバッグはいつもパンパン。重いからナイロンか布バッグばかり。こうして三十余年図書館に勤めてきた。

職業柄、困った癖があって、すぐに司書のおせっかいがでる。本を読んでいて思いつくと、誰にでも手紙を書いておせっかいをやく。

ある時、五木寛之と駒沢喜美の往復書簡集『風のホーキにまたがって』（読売新聞社一九九一）を読んでいたら、五木さんの手紙に「新宿中村屋の女主人、相馬黒光の『黙移』を面白く読んだ。いっそのこと、相馬黒光の生涯をそのまま番組にすればいいのに、と思ったりします」と書いてある。

さっそく、おせっかい司書は「それはもう、ドラマ化されていますよ。一九七〇年にTBSポーラテレビ小説「パンとあこがれ」、山田太一脚本、宇都宮雅代主演です。ちょうど長女の産休中で、この連続ドラマを見ることができました。私もこのドラマがきっかけで相馬黒光に興味を持ち、臼井吉見の『安曇野』を読んだり、禄山美術館を訪れたりしています」と、おこがましくも五木さんに手紙を出した。しばらくして、出版社から著者謹呈として五木さんの新刊『午後の自画像』（角川書店一九九一）と『ワルシャワの燕たち』（集英社一九九一）が送られてきて恐縮した。

これに味をしめたというわけではないが、おせっかいはまだまだ続く。

ながらく、私は司馬遼太郎の本は中高年のおじさんが読むものと決めつけて、読もうとしなかった。ところがアイルランドものを読み漁っていたとき、『愛蘭土紀行』（朝日新聞社）に出会ってからすっかり司馬さんファンになり、新刊が出れば必ず読むようになった。そうして手にとった『草原の記』（新潮社一九九二）の中に「ベトナム戦争の時、モンゴル人民共和国には金も物資もないため、北ベトナムへの援助として、多くの数の馬を送った。そのうちの一頭が役目を終えたあと、ハノイからモンゴルの高原に帰ってきたという……。帰国後ありったけの馬の本を読んだが馬に帰巣本能があるなどとは、どこにも書かれていなかった」という記述があった。

そこでまた、おせっかいにも「オーストラリアの児童文学作家ジェイムス・オールドリッジの『タチ　はるかなるモンゴルをめざして』（評論社）には、イギリスからモンゴルまで帰ってくる馬のことが書かれていますよ」と訳者中村妙子さんのあとがきのコピーを同封して手紙を出したところ、おそれおおくもすぐに礼状が届いた。直筆である。黒インクの万年筆のやわらかな筆致で細かな文字、司馬さんの原稿の特徴である自在な挿入や訂正が入り混じり、判読に苦しむがそれだけに味わい深い文面がありがたさを増す。

「『タチ』のことは知らなかった。さっそく何らかの方法で手に入れて読みたい」とあり、モンゴルへの思い、『草原の記』を書いた意味にも言及されていて、もう大感激。

息子も司馬ファンだったので、見せると「これぞ、我が家の家宝だね」と申し、以来、この古びた一枚の葉書が我が家の唯一のお宝なのである。

あとがき

公共図書館の司書として三十八年間、まさに「よみからかいて」すごしてきました。

子どもの本、大人の本、フィクション、ノンフィクション手当たり次第、ありがたいことに本はいつも身近にあふれていました。好きな本にかこまれて幸せでした。

自分が読んで面白かった本はどうしても人にすすめたくなるのが司書のさが、己の貧しい中身をさらけだす恥ずかしさに身を縮めながらも拙い文をつづってまいりました。そのうえ、頼まれたら断れない弱気も災いして、気がついたらけっこうな分量になっていました。

永年、活動をともにした、読書会「タリューラの会」の仲間たちのお力添えで、こうしてまとめることができました。山崎さんをはじめ皆さんのお骨折りに心からの感謝をささげます。

初出一覧

Ⅰ　リーディング・シンドローム　季刊誌「からかす」（工芸ギャラリー手児奈）

Ⅱ　今を生きる子どもたち　「ウイークリー出版情報」（日販図書館サービス）

Ⅲ　子どもたちへの応援歌　「子どもの本棚」（中日新聞社）

Ⅳ　大人と児童文学の新しい関係　「こどもの図書館」（児童図書館研究会）

Ⅴ　我が家のお宝　未発表

この本に出てきた本たち

書名	著者	訳者	出版社	出版年	頁
あゝ野麦峠	山本茂実		朝日新聞社	1968	67
アーミッシュに生まれてよかった	ミルドレット・ジョーダン	池田　智	評論社	1992	167
愛されない女	フランセス・ファイフィールド	猪俣美江子	早川書房	1991	26
アイルランド歴史紀行	高橋哲雄		筑摩書房	1991	22 72
赤い靴下	エルフィー・ドネリー	神崎　巌	さ・え・ら書房	1992	169
赤いコーリャン	ヤー・ディン	佐宗鈴夫	集英社	1990	17
〈マンガ〉秋日子かく語りき	大島弓子		角川書店	1988	104
秋のホテル	アニータ・ブルックナー	小野寺　健	晶文社	1988	48
アクシデンタル・ツーリスト	アン・タイラー	田口俊樹	早川書房	1989	35
アクセプタブル・リスク	ロビン・クック	林　克己	早川書房	1996	46
あした何を食べますか？——検証・満腹ニッポン	朝日新聞「食」取材班		朝日新聞社	2003	142
安曇野	白井吉見		筑摩書房	1965	212
あっ、ちぢんじゃった	レナーテ・ヴェルシュ	ささきたづこ	講談社	1992	163
あなたがもし奴隷だったら…	ジュリアス・レスター文 ロッド・ブラウン絵	片岡しのぶ	あすなろ書房	1999	112
あなたにおくる世界の名詩 1 ～10	川崎　洋・編		岩崎書店	1997	90
アフガニスタンの星を見上げて	フルグラ・コヒィ		小学館	1989	147
ある結婚の肖像	ナイジェル・ニコルスン	栗原知代 八木谷涼子	平凡社	1992	36
ある紅衛兵の告白 上・下	梁 暁声（リアン・シャオション） 朱　建栄	山崎一子	情報センター出版局	1991	17
アルジャーノンに花束を	ダニエル・キイス	小尾美佐	早川書房	1978	187
〈絵本〉アルプスのきょうだい	ゼリーナ・ヘンツ文 アロワ・カリジェ画	光吉夏弥	岩波書店	1953	192
イヴの物語	ペネロピー・ファーマー	金原瑞人	トパーズプレス	1996	42
イギリスは愉快だ	林　望		平凡社他	1991	56
イザベラ・バード旅の生涯	オリーブ・チェックランド	川勝貴美	日本経済評論社	1995	47
石の微笑	ルース・レンデル	羽田詩津子	角川書店	1998	59
異端の鳥	イエールジ・コジンスキー	青木日出夫	角川書店	1972	186
一億の地雷ひとりの私	犬養道子		岩波書店	1996	46
ＩＴ　上・下	スティーヴン・キング	小尾美佐	文藝春秋	1991	10 61

書名	著者	訳者	出版社	出版年	頁
一本の茎の上に	茨木のり子		筑摩書房	1994	33
犬が星見た	武田百合子		中央公論社	1979	19
イロイロあるぞ彼らの事情	おかべ　りか		フレーベル館	1995	77
In Our Time ——写真集マグナムの40年	ウィリアム・マンチェスター他	鈴木主税	文藝春秋	1990	15
ウォーボーイ ——少年は最前線の村で大きくなった	マイケル・フォアマン	奥田継夫	ほるぷ出版	1992	130 164
〈雑誌〉海			中央公論社		184
海が死んだ日	オットー·シュタイガー	高柳英子	リブリオ出版	1992	166
海は知っていた　ルイーズの青春	キャサリン·パターソン	岡本浜江	偕成社	1985	66
〈絵本〉海べのあさ	ロバート・マックロスキー文·絵	石井桃子	岩波書店	1978	93
海鳴りの丘	ジル·ペイトン·ウオルシュ	百々佑利子	岩波書店	1981	157
永遠の仔 上・下	天童荒太		幻冬舎	1999	60
〈洋書〉Ethel & Ernest Raymond Briggs			Jonathan Cape	1998	130
絵本とは何か	松居　直		日本エディタースクール	1973	193
絵本を見る眼	松居　直		日本エディタースクール	1978	193
絵本を読む	松居　直		日本エディタースクール	1983	193
〈絵本〉エミリー	マイケル・ビダード作 バーバラ・クーニー絵	掛川恭子	ほるぷ出版	1993	177
エミリー先生	ミス・リード	中村妙子	日向房	1998	58
おいしい料理のほん ——みんなでつくってみんなでたべよう！	大原照子・料理 山脇百合子・絵と文		福音館書店	1990	151
〈絵本〉オーケストラの105人	カーラ・カスキンさく マーク・サイモントえ	いわたにときこ	ジー·シー·プレス	1986	138
オーランドー【世界幻想文学大系 39】	ヴァージニア・ウルフ	杉山洋子	国書刊行会	1983	36
オオカミのようにやさしく	ジリアン・クロス	青海恵子	岩波書店	1994	99
〈雑誌〉おおきなポケット			福音館書店		76
丘の家、夢の家族	キット・ピアソン	本多英明	徳間書店	2000	126
おさるになるひ	いとう　ひろし		講談社	1994	198
おじいちゃんの休暇	イヴォン・モーフレ	末松氷海子	偕成社	1992	163
〈絵本〉おしゃべりなニンジン	ジャン・マーク文 トニー・ロス絵	たなかかおるこ	徳間書店	1997	96
お嬢さん放浪記	犬養道子		中央公論	1978	46

書名	著者	訳者	出版社	出版年	頁
おてがみもらった おへんじかいた	森山　京　文 広瀬　弦　絵		あかね書房	1996	80
おやすみなさいトムさん	ミシェル・マゴリアン	中村妙子	評論社	1991	190
女たちのジハード	篠田節子		文藝春秋	1997	53
〈絵本〉かいじゅうたちのいるところ	モーリス・センダック	じんぐう てるお	冨山房	1987	126
街道をゆく 30·31（愛蘭土紀行 1・2）	司馬遼太郎		朝日新聞社	1988	23 73 212
快復する家族	大江健三郎		講談社	1995	129
鏡のなかの影	フランセス・ファイフィールド	松下祥子	早川書房	1993	27
鏡の中の少女	スティーブン·レベンクロン	菊池幸子	集英社	1987	162
華氏四五一度	レイ・ブラッドベリ	宇野利泰	早川書房	1975	75
風のジャクリーヌ　ある真実の物語	ヒラリー・デュ・プレ ピアス・デュ・プレ	高月園子	ショパン	1999	200
風のホーキにまたがって	五木寛之 駒沢喜美		読売新聞社	1991	212
風の妖精たち	メアリ・ド・モーガン	矢川澄子	岩波書店	1979	180
家族狩り	天童荒太		新潮社	1995	61
合衆国秘密都市	フェリス・ホルマン	遠藤育枝	出版工房原生林	1991	161
〈雑誌〉カピタン					62
かみコップでつくろう	よしだ　きみまろ		福音館書店	1990	150
かみとあそぼう	かわさき　ようこ		冨山房	1987	150
カモ少年と謎のペンフレンド	ダニエル・ペナック	中井珠子	白水社	2002	133
カラーパープル	アリス・ウォーカー	柳澤由実子	集英社	1986	4
ガラスの家族	キャサリン・パターソン	岡本浜江	偕成社	1984	66
カラフル	森　絵都		理論社	1998	104
変わる家族変わる食卓 ——真実に破壊されるマーケティング常識	岩村暢子		勁草書房	2003	142
木	幸田　文		新潮社	1992	29
黄色い家のひみつ	ガートルード·ウォーナー	中村妙子	朔北社	1997	93
季節のかたみ	幸田　文		講談社	1993	29
キッチンアイデア工作	武藤光子		岩崎書店	1989	151
木の上のお城	ジリアン・クロス	岡本浜江	あかね書房	1996	99
木のぼり男爵	イタロ・カルヴィーノ	米川良夫	白水社	1964	185

書名	著者	訳者	出版社	出版年	頁
君について行こう ——女房は宇宙をめざした	向井万起男		講談社	1995	40
きもの	幸田　文		新潮社	1993	28
キャリー	スティーヴン・キング	永井　淳	新潮社	1975	11
郷愁のロシア——帝政最後の日々	中村喜和　監修・文		朝日新聞社	1991	14
今日も映画日和	和田誠・川本三郎・瀬戸川猛資		文藝春秋	1999	62
キルト——ある少女の物語	スーザン・テリス	堂浦恵津子	晶文社	1990	162
ギルバート・グレイプ	ピーター・ヘッジズ	高田恵子	二見書房	1994	188
崩れ	幸田　文		講談社	1991	29
クダラン	中野　翠		毎日新聞社	1996	48
クリスティーン 上・下	スティーヴン・キング	深町眞理子	新潮社	1988	11
〈絵本〉ぐりとぐら	中川李枝子　文 山脇百合子　絵		福音館書店	1967	151
クレージー・マギーの伝説	ジェリー・スピネッリ	菊島伊久栄	偕成社	1993	175
クレスカ15歳　冬の終わりに	M・ムシュロヴィチ	田村和子	岩波書店	1990	148
黒い家	貴志祐介		角川書店	1997	58
クローディアの秘密	イレーヌ・L・ カニグズバーグ	松永ふみ子	岩波書店	1969	207
ケイティの夏	エリザベス・バーグ	島田絵海	福武書店	1994	189
ゲイの市長と呼ばれた男 上・下	ランディ・シルツ	藤井留美	草思社	1995	42
けわしい坂	アリベルト・リハーノフ	島原落穂	童心社	1982	183
建築巡礼　全23巻			丸善	1988〜	9
小石川の家	青木　玉		講談社	1994	29
交換教授	デイヴィッド・ロッジ	高儀　進	白水社	1982	20
紅衛兵の時代	張　承志	小島晋治 田所竹彦	岩波書店	1992	17
荒野に生きる詩	ニルス・イエンセン	奥田継夫	篠崎書林	1983	186
ゴキブリ四〇〇〇〇〇〇〇〇〇年	松岡洋子　文 松岡達英　絵		北隆館	1970	108
こぐま学校のバザー	ミシェル·カートリッジ	せな　あつこ	偕成社	1982	150
ここがホームシック・レストラン	アン・タイラー	中野恵津子	文藝春秋	1990	35
午後の自画像	五木寛之		角川書店	1992	212
ことばあそびうた	谷川俊太郎		福音館書店	1973	32 90
言葉の食卓	武田百合子 野中ユリ　画		作品社	1984	19

書名	著者	訳者	出版社	出版年	頁
子供たちの時間	橋口譲二		小学館	1999	118
子供の悪戯	レジナルド・ヒル	秋津知子	早川書房	1989	12
木の葉の美術館	群馬直美　文・絵		世界文化社	1998	107
五番目のサリー	ダニエル・キイス	小尾芙佐	早川書房	1991	187
子ブタシープピッグ	ディック・キング＝スミス	木原悦子	評論社	1991	56 68 158 169
こぶたのおまわりさん	シーブ・セーデリング	石井登志子	岩波書店	1993	170
孤立化する家族 ――アメリカン・ファミリーの過去・未来	越智道雄		時事通信社	1998	59
殺す	J・G・バラード	山田順子	東京創元社	1998	110
こわいものなんて何もない	ジャン・マーク	三辺律子	パロル舎	1997	96
こわがってるのはだれ？	フィリパ・ピアス	高杉一郎	岩波書店	1992	164
“こんにちは、バネッサ”	マージョリー・W・シャーマット作 リリアン・ホーバン絵	小杉佐恵子	岩崎書店	1984	176
ザ・ギバー　記憶を伝える者	ロイス・ローリー	掛川恭子	講談社	1995	74
策謀と欲望	P・D・ジェイムズ	青木久恵	早川書房	1990	13
桜草をのせた汽車	ジリアン・クロス	安藤紀子	ぬぷん 児童図書出版	1997	99
殺人のすすめ	レジナルド・ヒル	秋津知子	早川書房	1980	12
さびしい犬	フィリス・レノルズ・ネイラー	斉藤健一	講談社	1993	173
さよならエルマおばあさん	大塚　敦子・写真／文		小学館	2000	124
さよならおじいちゃん …ぼくはそっといった	エルフィー・ドネリー	かんざき いわお	さ・え・ら書房	1981	124
サンタ・クルスへの長い旅	ミヒャエル・エンデ	ささき たづこ	岩波書店	1993	172
しあわせになりたい研究	五味太郎		大和書房	2003	140
シェフィールドを発つ日	バーリー・ドハティ	中川千尋	福武書店	1990	188
シェルシーカーズ　上・下	ロザムンド・ピルチャー	中村妙子	朔北社	1995	38 58 190
シェルター	モンテ・メリック	富永和子	竹書房	1993	187
思考のレッスン	丸谷才一		文藝春秋	1999	63
時間のなかの子供	イアン・マキューアン	真野　泰	中央公論社	1995	75
〈雑誌〉室内					50
室内四十年	山本夏彦		文藝春秋	1997	50
死にぎわの台詞	レジナルド・ヒル	秋津知子	早川書房	1988	12

書名	著者	訳者	出版社	出版年	頁
死の味 上・下	P・D・ジェイムズ	青木久恵	早川書房	1987	13
死の泉	皆川博子		早川書房	1997	53
詩のこころを読む	茨木のり子		岩波ジュニア新書	1979	32
〈詩〉の誘惑	井坂洋子		丸善ブックス	1995	33
「自分の木」の下で	大江健三郎、大江ゆかり		朝日新聞社	2001	128
シメオンの花嫁	アリソン・テイラー	青木久恵	早川書房	1996	48
シャーロットのおくりもの	E・B・ホワイト	鈴木哲子	法政大学出版局	1975	57 123 126
社交好きの女	レジナルド・ヒル	秋津知子	早川書房	1982	12
しゃべれどもしゃべれども	佐藤多佳子		新潮社	1997	52
上海の長い夜 上・下 ——文革の嵐を耐え抜いた女性の物語	鄭 念 (チェン・ニエン)	篠原成子 吉本晋一郎	原書房	1988	17
住宅道楽・自分の家は自分で建てる	石山修武		講談社	1997	51
ジュニア・ブラウンの惑星	ヴァジニア・ハミルトン	掛川恭子	岩波書店	1988	160
シューレス・ジョー	W・P・キンセラ	永井　淳	文藝春秋	1985	87
十四才の妖精たち	小川千歳		PHP研究所	1988	162
小説の経験	大江健三郎		朝日新聞社	1994	49
少年H　上・下	妹尾河童		新潮社 (講談社1997)	2000	130
少年ルーカスの遠い旅	ヴィリ・フェーアマン	中村浩三 中村采女	偕成社	1991	156
女王の鼻	ディック・ キング＝スミス	宮下嶺夫	評論社	1994	57
ジョコンダ夫人の肖像	イレーヌ・L・ カニグズバーグ	松永ふみ子	岩波書店	1975	209
ジンゴ・ジャンゴの冒険旅行	シド・フライシュマン	渡邉了介	あかね書房	1995	70
〈絵本〉しんすけくん	谷川俊太郎　文 大久保千宏　写真		サンリード	1981	198
心臓を貫かれて	マイケル・ギルモア	村上春樹	文藝春秋	1996	46
〈雑誌〉新潮45			新潮社		186
シンドラーズ・リスト	トマス・キニーリー	幾野　宏	新潮社	1989	24 188
シンプルプラン	スコット・スミス	近藤純夫	扶桑社	1994	46
しんぶんしでつくろう	よしだ　きみまろ		福音館書店	1990	150
人類の子供たち	P・D・ジェイムズ	青木久恵	早川書房	1993	75
雀の手帖	幸田　文		新潮社	1993	29

書名	著者	訳者	出版社	出版年	頁
スタンド・バイ・ミー	スティーヴン・キング	山田順子	新潮社	1987	10
スチュアートの大ぼうけん	E・B・ホワイト	さくまゆみこ	あすなろ書房	2000	122
スナッパー	ロディ・ドイル	実川元子	キネマ旬報社	1994	72 188
〈絵本〉すばらしいとき	ロバート・ マックロスキーぶん・え	わたなべしげお	福音館書店	1978	93
素敵な仕事	デイヴィッド・ロッジ	高儀　進	大和書房	1991	21
スローワルツの川	ロバート・ ジェームズ・ウォラー	村松　潔	文藝春秋	1994	34
正義　上・下	P・D・ジェイムズ	青木久恵	早川ポケミス	1998	58
星条旗よ永遠なれ	アヴィ	唐沢則幸	くもん出版	1996	87
聖パトリック祭の夜	鶴岡真弓		岩波書店	1993	23
西洋の誘惑	中山公男		新潮社	1968	55
世界で一番大切だった場所	マイルス・ウルフ	脇山真木	マガジンハウス	1994	189
世界の現場から	犬養道子		中央公論	1993	46
戦争と平和　1～8	トルストイ	米川正夫	岩波書店	1973	186
草原の記	司馬遼太郎		新潮社	1992	213
装幀の美	アラステール・ダンカ ジョルジュ・ド・バルタ	清 眞人ほか	同朋舎	1990	95
象と二人の大脱走	ジリアン・クロス	中村妙子	評論社	1997	98
卒業の夏	キャスリーン・M・ペイトン	久保田輝男	福武書店 （学習研究社 1972）	1990	149
その時が来るまで	マーサ・ハンフリーズ	槙　朝子	ほるぷ出版	1993	177
〈絵本〉そらまめくんとめだかのこ	なかや　みわ		福音館書店	2000	117
〈絵本〉そらまめくんのベッド	なかや　みわ		福音館書店	1999	116
台所のおと	幸田　文		講談社	1992	29
大英博物館が倒れる	デイヴィッド・ロッジ	高儀　進	白水社	1982	21
〈絵本〉ダイエット	大島弓子		角川書店	1989	162
太陽の帝国	J・G・バラード	高橋和久	国書刊行会	1987	111
タチ　はるかなるモンゴルをめざして	ジェイムス・ オールドリッジ	中村妙子	評論社	1977	213
ダニエル・キイス読本	早川書房編集部		早川書房	1995	187
旅する石工の伝説	松谷健二		新潮社	1998	54
だれが石を投げたのか？	ミリアム・プレスラー	松沢あさか	さ・え・ら書房	1993	202
誰だハックにいちゃもんつけるのは	ナット・ヘントフ	坂崎麻子		1986	87

書 名	著 者	訳 者	出版社	出版年	頁
〈絵本〉たんじょうびのふしぎなてがみ	エリック・カール	もり ひさし	偕成社	1978	197
煖爐棚上陳列品一覧・ 日本のライト・ヴァース——1	谷川俊太郎 編		書肆山田	1980	32
小さな世界 ——アカデミック・ロマンス	デイヴィッド・ロッジ	高儀 進	白水社	1986	20
地下鉄少年スレイク ——121日の小さな冒険	フェリス・ホルマン	遠藤育枝	出版工房原生林	1989	160
地球に生きるうた	木島 始編		偕成社	1980	32
地図は語る	堀 淳一		創隆社	1981	205
ちびっこスチュアート	E・B・ホワイト	鈴木哲子	法政大学出版	1975	122
長距離ランナーの遺言 映画監督トニー・リチャードソン自伝	トニー・リチャードソン	河原畑 寧	日本テレビ放送	1997	51
チョコレート工場の秘密	ロアルド・ダール	田村隆一	評論社	1972	154
チョコレートとバナナの国で	カーリン・ギュンディッシュ	若林ひとみ	さ・え・ら書房	1990	147
地を這うように	長倉洋海・写真		新潮社	1996	83
辻まことの芸術	宇佐美英治		みすず書房	1979	30
辻まことの世界・正続	辻 まこと 矢内原伊作・編		みすず書房	1978	31
ツバメ号とアマゾン号	アーサー・ランサム	神宮輝夫	岩波書店	1967	126 210
ディアノーバディ	バーリー・ドハティ	中川千尋	新潮社	1994	188
敵手	ディック・フランシス	菊池 光	早川書房	1996	47
鉄の枷	ミネット・ウォルターズ	成川裕子	東京創元社	1996	47
てやんでぇ！	大月隆寛		本の雑誌社	1997	49
テラビシアにかける橋	キャサリン・パターソン	岡本浜江	偕成社	1981	66
父さんと歌いたい	キャサリン・パターソン	岡本浜江	偕成社	1987	66
動物のぞき	幸田 文		新潮社	1994	29
〈マンガ〉ドカベン	水島新司		秋田書店	1974	89
読書癖Ⅰ・Ⅱ	池澤夏樹		みすず書房	1991	24
〈雑誌〉読書マガジン			ジャックボックス		184
時計を巻きにきた少女	アン・タイラー	中野恵津子	文藝春秋	1994	35
どこまで行けるか	デイヴィッド・ロッジ	高儀 進	白水社	1984	21
隣の家の出来事	ヴィリ・フェーアマン	野村泫	岩波書店	1980	157
ともだちシネマ	中野 翠		文藝春秋	1996	48
〈絵本〉ともだち、なんだもん！ ——コウモリのステラルーナの話	ジャネル・キャノン作	今江祥智 遠藤育枝	ブックローン出版	1994	109

書名	著者	訳者	出版社	出版年	頁
泥棒をつかまえろ！	オットー・シュタイガー	高柳英子	佑学社	1988	166
どんぐり	こうや　すすむ		福音館書店	1988	106
どんぐり観察事典	小田英智 構成・文 久保秀一　写真		偕成社	1998	106
どんぐりだんご	小宮山洋夫		福音館書店	1995	106
どんぐりノート	いわさ ゆうこ＆大滝玲子		文化出版局	1995	106
飛んだ子ブタ ダッギィ	ディック・キング＝スミス	木原悦子	評論社	1992	57 68 168
〈絵本〉ナイトシミー ── 元気になる魔法	グエン・ストラウス文 アンソニー・ブラウン絵	灰島かり	平凡社	2002	135
謎とき名作童謡の誕生	上田信道		平凡社	2002	136
なぞの娘キャロライン	E・L・カニクズバーグ	小島希里	岩波書店	1990	148 153
夏の終りに	ジル・ペイトン・ウオルシュ	百々佑利子	岩波書店	1980	157
夏・みじかくて長い旅	ジャン・マーク	百々佑利子	金の星社	1992	96 170 210
〈絵本〉なにをしているかわかる？	ユネスコ・アジア 文化センター企画編集	松岡享子	朝日新聞社	1990	146
ナルニア国ものがたり	C・S・ルイス	瀬田貞二	岩波書店	1978	126
〈絵本〉にぐるまひいて	ドナルド・ホールぶん バーバラ・クーニーえ	もきかずこ	ほるぷ出版	1980	182
24人のビリー・ミリガン 上・下	ダニエル・キイス	堀内静子	早川書房	1992	187
日日雑記	武田百合子		中央公論社	1992	18
二遊間の恋──大リーグ・ドレフェス事件	ピーター・レフコート	石田善彦	文藝春秋	1995	43
人形の家	ルーマ・ゴッテン	瀬田貞二	岩波書店	1967	78
にんげん蚤の市	高峰秀子		文藝春秋	1997	49
ねこが見た話	たかどの　ほうこ		福音館書店	1998	102
猫とみれんと	寒川猫持		文藝春秋	1996	49
のはらうた 1～4	くどう　なおこ		童話屋	1984	108
はがぬけたらどうするの？	セルビー・ビーラー文 ブライアン・カラス絵	こだまともこ	フレーベル館	1999	114
白鯨	ハーマン・メルヴィル				185
走れナフタリン少年	川本三郎		北宋社	1981	184
バッテリー 1～6	あさの　あつこ		教育画劇	1996	88
〈絵本〉葉っぱのフレディ	レオ・バスカーリア　文 島田光雄　画	みらい なな	童話屋	1998	116

書名	著者	訳者	出版社	出版年	頁
パディーの黄金のつぼ	ディック・キング=スミス	三村美智子	岩波書店	1995	68 196
パティの宇宙日記	ジル・ペイトン・ウオルシュ	岡本浜江	文研出版	1991	156
話すことがたくさんあるの…	ジョン・マーズデン	安藤紀子	講談社	1990	148
花々と星々と	犬養道子		中央公論	1970	46
バフチン以後 ――〈ポリフォニー〉としての小説	デイヴィッド・ロッジ	伊藤　誓	法政大学出版局	1992	20
薔薇と幾何学 ――モダン建築ストーリー	下村純一		平凡社	1988	9
薔薇は死を夢見る	レジナルド・ヒル	嵯峨静江	早川書房	1985	12
ハワイイ紀行	池澤夏樹		新潮社	1996	48
半月館のひみつ	ポール・フライシュマン	谷口由美子	偕成社	1993	71
番茶菓子	幸田　文		講談社	1993	29
ビーストの影	ジャニ・ハウカー	田中美保子	レターボックス	1993	171
〈絵本〉ピーターのてがみ	エズラ・ジャック・キーツ	木島　始	偕成社	1979	197
ビート・オブ・ハート	ビリー・レッツ	松本剛史	文春文庫	1997	50
ビターチョコレート	ミリアム・プレスラー	中野京子	さ・え・ら書房	1992	162 204
びっくり島のひみつ	ガートルード・ウォーナー	中村妙子	朔北社	1997	92
ヒッピー・ハッピー・ハット	ジャン・マーク	久慈美貴	福武書店	1992	97
ひみつのポスト	ジャン・マーク	百々佑利子	文研出版	1988	81 96
ビラヴド――愛されし者――	トニ・モリスン	吉田廸子	集英社	1990	4
ひらめき美術館 1～3館	結城昌子		小学館	1996	84
ビルギット	グートルン・メブス	高橋洋子	国土社	1986	124
【ヒルクレストの娘たち 1】 丘の家のセーラ	ルース・エルウィン・ハリス	脇　明子	岩波書店	1990	165
【ヒルクレストの娘たち 2】 ランセスの青春	ルース・エルウィン・ハリス	脇　明子	岩波書店	1991	165
【ヒルクレストの娘たち 3】 海を渡るジュリア	ルース・エルウィン・ハリス	脇　明子	岩波書店	1992	165
【ヒルクレストの娘たち 4】 グウェンの旅だち	ルース・エルウィン・ハリス	脇　明子	岩波書店	1995	165
ファニア歌いなさい	ファニア・フェヌロン	徳田孝夫	文藝春秋	1981	25
不在の騎士	イタロ・カルヴィーノ	米川良夫	国書刊行会	1989	185
富士日記 上・中・下	武田百合子		中央公論社	1977	18
〈雑誌〉婦人の友			婦人の友社		38

書名	著者	訳者	出版社	出版年	頁
豚の死なない日	ロバート・ニュートン・ペック	金原瑞人	白水社	1996	42
ふたりの世界１～５	ジョアン・リンガード	横山貞子	晶文社	1988	22 72
ふたりはともだち	ジーン・ウィリス作 スーサン・バーレイ絵	島田　香	ほるぷ出版	1994	176
ブラッカムの爆撃機	ロバート・ウエストール	金原瑞人	福武書店	1990	149
ブロックルハースト・グローブの謎の屋敷	シルヴィア・ウォー	こだまともこ	講談社	1995	78
ベトナムから来たニンちゃん	臣永正広		実業之日本社	1990	147
〈絵本〉ヘビのヴェルディくん	ジャネル・キャノン作	今江祥智 遠藤育枝	ＢＬ出版	1998	108
ぺろぺろん	筒井敬介		あかね書房	1970	108
“弁当の日”がやってきた	竹下和男他		自然食通信社	2003	142
抱擁 Ⅰ・Ⅱ	スーザン・バイアット	栗原行雄	新潮社	1996	44
ホース・ウィスパラー 上・下	ニコラス・エヴァンス	村松　潔	新潮社	1996	47
ぼくたちは国境の森でであった	ダリア・Ｂ・コーヘン	母袋夏生	佑学社	1992	166
〈絵本〉ぼくとオーケストラ	アンドレア・ホイヤー	宮原峠子	カワイ出版	2000	138
〈絵本〉ぼくとオペラハウス	アンドレア・ホイヤー	宮原峠子	カワイ出版	2001	138
〈絵本〉ぼくと楽器はくぶつかん	アンドレア・ホイヤー	宮原峠子	カワイ出版	2003	138
ぼくと（ジョージ）	イレーヌ・Ｌ・カニグズバーグ	松永ふみ子	岩波書店	1978	135 207
ぼくの犬キング	サンド・ウォーバーグ	中村妙子	偕成社	1970	124
ぼくの魔法の運動ぐつ	ウルフ・スタルク	菱木晃子	佑学社	1993	172
ぼくはあの戦争を忘れない	ジャン＝ルイ・ベッソン　文・絵	加藤恭子 平野加代子	講談社	2001	130
ボックスカーの家	ガートルード・ウォーナー	中村妙子	朔北社	1997	92
骨と沈黙	レジナルド・ヒル	秋津知子	早川書房	1992	12
本に願いを	レナード・Ｓ・マーカス	遠藤育枝	ＢＬ出版	1998	100
本の運命	井上ひさし		文藝春秋	1997	90
〈雑誌〉本の雑誌			本の雑誌社		184
奔放な読書	ダニエル・ペナック	浜名優美ほか	藤原書店	1993	134
マクドナルド童話集　１～12	ジョージ・マクドナルド	村上光彦他	太平出版社	1978	181
マスード愛しの大地アフガン	長倉洋海・写真		ＪＩＣＣ出版局	1992	83
〈絵本〉まちがいペンギン	ジャン-リュック・クードレイ文 フィリップ・クードレイ絵	大沢　類	河出書房新社 （リブロポート1991）	2001	155

書名	著者	訳者	出版社	出版年	頁
マチルダはちいさな大天才	ロアルド・ダール	宮下嶺夫	評論社	1991	126 154
マディソン郡の橋	ロバート・ ジェームズ・ウォラー	村松　潔	文藝春秋	1993	34
まっぷたつの子爵	イタロ・カルヴィーノ	河島英昭	晶文社	1997	185
招く女	アニータ・ブルックナー	小野寺　健	晶文社	1996	48
〈絵本〉魔法使いの少年	ジャック・センダック作 ミッチェル・ミラー絵	長田　弘	みすず書房	2002	132
まぼろしのすむ館	アイリーン・ダンロップ	中川千尋	福武書店	1990	152
幻の森	レジナルド・ヒル	松下祥子	早川書房	1998	59
ママが死んだ	ジャック・ファンスタン	高橋　啓	くもん出版	1993	124 174
〈絵本〉まよなかのだいどころ	モーリス・センダック	じんぐうてるお	冨山房	1982	135
真夜中の相棒	テリー・ホワイト	小菅正夫	文藝春秋	1985	42
まるごとどんぐり	大滝玲子　どんぐりクラブ		草土文化	1998	106
満潮	メアリー・ウェズレー	河野万里子	講談社	1991	38
マンハッタン物語 上・下	フランク・コンロイ	西田佳子	講談社	1994	188
身がわり王子と大どろぼう	シド・フライシュマン	谷口由美子	偕成社	1989	71
【ミス・ビアンカシリーズ】 くらやみ城の冒険	マージェリー・シャープ	渡辺茂男	岩波書店	1987	108
【ミス・ビアンカシリーズ】 ダイヤの館の冒険	マージェリー・シャープ	渡辺茂男	岩波書店	1987	108
【ミス・ビアンカシリーズ】 ひみつの塔の冒険	マージェリー・シャープ	渡辺茂男	岩波書店	1987	108
【ミス・ビアンカシリーズ】 地下の湖の冒険	マージェリー・シャープ	渡辺茂男	岩波書店	1987	108
【ミス・ビアンカシリーズ】 オリエントの冒険	マージェリー・シャープ	渡辺茂男	岩波書店	1987	108
【ミス・ビアンカシリーズ】 南極の冒険	マージェリー・シャープ	渡辺茂男	岩波書店	1987	108
【ミス・ビアンカシリーズ】 さいごの冒険	マージェリー・シャープ	渡辺茂男	岩波書店	1987	108
みにくいガチョウの子	ディック・ キング＝スミス	卜部千恵子	岩波書店	1994	57
〈絵本〉みにくいシュレック	ウイリアム・スタイグ	おがわえつこ	セーラー出版	1991	155
ミリー・モリー・マンデーのおはなし	ジョイス・L・ブリスリー	上条由美子	福音館書店	1991	158
夢幻の山旅	西木正明		中央公論社	1994	30
夢想の研究	瀬戸川猛資		早川書房	1993	62

書名	著者	訳者	出版社	出版年	頁
紫のふるえ	アリス・ウォーカー	柳澤由実子	集英社	1985	4
目覚めない女	フランセス・ファイフィールド	猪俣美江子	早川書房	1993	26
〈絵本〉もうすぐぬけそう ぐらぐらのは	ディー・シュルマン	山脇　恭	フレーベル館	1999	115
もうひとつの家族	キャサリン・パターソン	岡本浜江	偕成社	1992	66
黙移	相馬黒光		法政大学出版局	1977	212
もしかして聖人	アン・タイラー	中野恵津子	文藝春秋	1992	35
〈雑誌〉木工界					50
闇の淵	レジナルド・ヒル	嵯峨静江	早川書房	1991	12
遊戯室	フランセス・ヘガティ	松下祥子	早川書房	1994	27
ユージュアル・サスペクツ	クリストファー・マックァリー	稲田隆紀	ソニー・マガジンズ	1996	48
遊覧日記	武田百合子 武田　花・写真		作品社	1987	19
幽霊を見た10の話	フィリパ・ピアス	高杉一郎	岩波書店	1984	164
幽霊があらわれた	ジリアン・クロス	安藤紀子	ぬぷん児童図書出版	1995	99
幽霊の恋人たち	アン・ローレンス	金原瑞人	偕成社	1995	71
幽霊の友だちをすくえ	ヘレン・クレスウェル	岡本浜江	大日本図書	1991	153
ゆうれいは魔術師	シド・フライシュマン	渡邉了介	あかね書房	1994	71
床下の小人たち	メアリー・ノートン	林　容吉	岩波書店	1956	78
床下の古い時計	K・ピアソン	足沢良子	金の星社	1990	152
雪だるまのひみつ	ルース・エインワース 河本祥子 訳・絵		岩波書店	1991	158
夢のすむ家——20世紀を開いた住宅	鈴木博之		平凡社	1989	9
夢見た旅	アン・タイラー	藤本和子	早川書房	1987	35
ゆるやかな絆	大江健三郎		講談社	1996	129
夜明けのうた	ミンフォン・ホー	飯島明子	佑学社	1990	146
よい子への道 1・2	おかべ　りか		福音館書店	1995	76
妖怪バンシーの本	アン・ファイン	岡本浜江	講談社	1993	174
妖精王の月	O.R.メリング	井辻朱美	講談社	1995	69
ようせいティキのおくりもの	リン・リード・バンクス	中川千尋	福武書店	1991	158 197
ようせいのゆりかご	ルース・エインワース 河本祥子　訳・絵		岩波書店	1993	170

書名	著者	訳者	出版社	出版年	頁
預言者	イエールジ・コジンスキー	青木日出夫	角川書店	1977	186
夜にくちぶえふいたなら	たかどの　ほうこ		旺文社	1998	102
夜の少年	ミリアム・プレスラー	中野京子	さ・え・ら書房	1992	203
楽園ニュース	デイヴィッド・ロッジ	高儀　進	白水社	1993	20
リリス 上・下	マクドナルド	荒俣　宏	月刊ペン社	1976	180
恋愛療法	デイヴィット・ロッジ	高儀　進	白水社	1997	52
ロケットボーイズ 上・下	ホーマー・ヒッカム・ジュニア	武者圭子	草思社	2000	120
ロールパン・チームの作戦	イレーヌ・L・カニグズバーグ	松永ふみ子	岩波書店	1974	208
ワイルド・スワン　上・下	張　戎（ユン・チアン）	土屋京子	講談社	1993	16
ワーキング・ガール	キャサリン・パターソン	岡本浜江	偕成社	1994	66
わが愛しきものの神殿 上・下	アリス・ウォーカー	柳沢由実子	集英社	1990	4
若草物語	ルイザ・メイ・オールコット	矢川澄子	福音館書店	1985	34
若き獅子マスード ——アフガン1983-1988	長倉洋海・写真		河出書房新社	1989	6 83
別れない女	フランセス・ファイフィールド	猪俣美江子	早川書房	1992	26
ワスプ（WASP）	越智道雄		中公新書	1998	59
〈絵本〉わすれられないおくりもの	スーザン・バーレイ	小川仁央	評論社	1987	124
わたしのメルヘン散歩	矢川澄子		新潮社	1977	181
私の紅衛兵時代 ——ある映画監督の青春	陳 凱歌（チエン・カイコー）	刈間文俊	講談社	1990	17
ワルシャワの燕たち	五木寛之		集英社	1991	212
わんぱく四人姉妹物語 1 夏休みは大さわぎ	ヒラリー・マッカイ	ときありえ	評論社	1995	211

※データは名古屋市図書館目録に準拠。検索はホームページ http://www.tsuruma-lib.showa.nagoya.jp
※※残念ながら品切で書店では入手できないものもあります。

飯田治代（いいだはるよ）

著者紹介

一九六八年に名古屋市図書館司書としてのキャリアをスタート。一九八四年ごろから、子育て中の母親たちと児童文学を読む会を主宰。子どもたちが成人しても、仲間たちとともに児童文学を読み続け現在に至る。

編集・作品リスト作成　山崎かよみ
編集協力　磯部宏子　加藤万里子
校　正　伊藤育子　早川佳子
カバー写真　竹谷　出
デザイン　田中悦子

ゆいぽおとでは、
ふつうの人が暮らしのなかで、
少し立ち止まって考えてみたくなることを大切にします。
テーマとなるのは、たとえば、いのち、自然、こども、歴史など。
長く読み継いでいってほしいこと、
いま残さなければ時代の谷間に消えていってしまうことを、
本というかたちをとおして読者に伝えていきます。

よみからかす

絵本からミステリーまで

２００５年７月29日　初版第１刷　発行
２００５年11月３日　初版第２刷　発行

著　者　飯田治代
発行者　ゆいぽおと
〒４６１-０００１
名古屋市東区泉一丁目15-23
電話　０５２-９５５-８０４６
ファックス０５２-９５５-８０４７
発売元　ＫＴＣ中央出版
〒１０７-００６２
東京都港区南青山６-１-６-２０１
印刷・製本　モリモト印刷株式会社

内容に関するお問い合わせ、ご注文などはすべて右記ゆいぽおとまでお願いします。
乱丁、落丁本はお取り替えいたします。

ISBN4-87758-400-5　C0095